シーバスヒット10倍の鉄則

「間違いなく釣れる」を実現する

泉 裕文

つり人社

目次

書店名

返期2022年10月31日

つり人社

泉 裕文 著

間違いなく釣れる
を実現するシーバスヒ

4811

本体 1,600

C2075

常備

株式会社トーハン

A+0000005600A

9784864470643

4章　合わせる・寄せる・掬う Fight　66

5章　見つける Find　82

6章　擬似る Lures　104

7章　比べる Compare　130

Izumi column

シーバスヒット10倍の鉄則

「間違いなく釣れる」を実現する

構成　バーブレス
イラスト　廣田雅之

はじめに

現代の情報化社会の波は、フィッシングシーン、シーバスシーンにおいても例外ではありません。これまでの雑誌やテレビの情報に加えて、ネットのHPやSNS、動画などから膨大な情報を手に入れることができるようになりました。それらは釣果情報、ポイント、タックル、テクニックまで、ありとあらゆる領域に及んでいます。非常に便利になり、私もその恩恵を受けています。

ただ、ある程度経験を積んでいるアングラーならその情報を有効に利用することもできますが、ビギナーや釣行回数が少ないアングラーは、この手の情報ばかりを追いかけても、シーバスが釣れるとは限りません。

それはなぜか？　シーバスフィッシングの本質を理解していない可能性が高いからです。

シーバスフィッシングは、一過性の釣りではなく、継続性の釣り。毎日のようにフィールドに通うことでシーバスの習性を知り、それを上手く利用してルアーで釣る。季節や天候、海況、あらゆる自然条件の変化からシーバスの動きを読み、ルアーで狩る。シーバスフィッシングはそういう釣りなのです。どれほど最新テクや新製品を手に入れたとしても、それらを適切な場面で使いこなすスキルがなければ釣れない釣りなのです。

本書を書いたきっかけにもなったことですが、私は、このシーバスフィッシングの本質を理解していないアングラーが実はかなりいるという現実を感じていました。経験値が少ないのに、情報ばかりが手に入る。いわゆる頭でっかちのアングラーが増えています。しかし、日々の生活の中で時間の制約もあり、それは仕方がないことです。その経験値の部分を補う知識、数年かかって得られる知識を本書に詰め込みました。

何の情報もない時代からシーバスフィッシングの経験を積み重ねてきた私のノウハウを、みなさんの釣りに役立ててもらえれば、きっと今以上にシーバスが釣れるようになり、もっとこの釣りが面白くなる。その手助けの一役に本書がなれれば幸いです。

The five messages

シーバスフィッシングは ハンティング 1

ルアーで魚をねらう釣りはいろいろありますが、私が心から愛してやまないシーバスゲームをひと言で表わすと、それは「ハンティング」です。

シーバスは本州・四国・九州沿岸部のほぼ全域に生息し、我々アングラーにとっては非常に身近な魚。しかも最大1mを超えるサイズの個体もいて、ルアーフィッシングの対象魚としては最高のターゲットです。そんなシーバスですが、いつでもどこでも釣れるわけではありません。この釣りを長いことやっていると、ラッキーな場面に出くわすこともたまにはありますが、はっきりいってそんなに甘くはありません。

かくいう私も最初の頃は、この釣りはほとんど「運」だと思っていました。だって、そうですよね?! こんなに広い海から1尾のシーバスを捜し出して釣るなんてことは、そうそうできるはずがない……。陸っぱりからルアーを投げても飛距離なんてたかが知れているし、ねらって釣るなんてとんでもないことで、この釣りはきっと交通事故的なもの、多くは運次第。確率的にいえば、9割が運、残りの1割くらいが個人の技術が及ぶ範囲だろう……。長い間、それくらいに考えていたのです。

でも違ったのです。それも、大きく違いました。今では考え方が真逆になり、シーバスゲームの9割は知識と技術、残りの1割くらいが運やそれ以外の要素なのかなと思えるところまできています。

この釣りは、経験値が上がるほどきちんとねらって釣ることができるのです。コツさえつかめれば誰にでも、運ではなく、「間違いなく釣れる」ようになります。

時期を選び、潮を読み、アタックのタイミングを計る。

現場に向かい、ポイントに立つ。

風の強さ、波の立ち方、その空気を感じ取る。

目の前の状況を確認してから水辺にアプローチする。

自ら選んだルアーを接続して、ねらったところにキャストする。

タックル全体の感度で水中の状況をイメージする。把握していく。

地形変化。流れの向きと強さ。ベイトの有無。

常に五感を研ぎ澄まして感じ、そして、考える。

キャストする方向は間違っていないか？

リトリーブスピードは合っているのか？

タックルバランスは大丈夫なのか？

ルアーはアジャストしているのか？

カラーはなじんでいるのか？

そして、時には投げずに場を休ませたり、間合いを取ることもある。


このようにその時のために全神経を集中させてねらう。それでも、こちらが準備万端整えたとしても相手は自然。シーバスが我々の射程内に入って来ないこともあり、報われないこともあります。それもまた経験の１つとして自分の中に蓄積されます。そして、確実に次に繋がっていくのです。

「もうこれは釣りじゃない。ハンティングだ」

私がそう感じたのは、この釣りを始めて10数年経った頃でした。それは当時よく通っていた、とある河川の中流域。季節は晩秋で、ビッグシーバスがねらえるパターンでした。

真夜中の河川。静寂にただひとり。さまざまな道具を駆使し、五感を研ぎ澄ませて野生の魚を捕獲する。この時の感覚はもうすでに遊びの領域を超えていました。独特なその感覚を、たまらなく好きになっていく自分がいました。今でもそれは変わりませんし、私のこの釣りに対する考え方のベースは、すべてここにあるといってもよいでしょう。

シーバスフィッシングといっても、今では３６５日24時間、いろいろなねらい方があって、人それぞれスタイルも違います。細分・多様化し、そして楽しさもどんどん広がってきました。これからももっと広がっていくことでしょう。でも基本はハンティングなのです。ターゲットに対してきちんとアプローチしなければ、結果は伴いません。逆にいえば、それがきちんとできていれば結果は出る。シーバスとの出会いは確実に増えます。これは本当に「間違いない」のです。

The five messages

シーバスフィッシングは RPG

2

シーバスをねらい始めた頃の私は、ほとんど単独で釣行することが多かったです。釣りに行く時間帯が、仕事が終わってからの夜メインだったこともあります。

また、毎日のようにポイントに繰り出しても、釣果はそれに比例するどころか、逆にどんどん確率が下がっていく。当時シーバスは釣れないことが普通でしたから、そんなあまり釣果の出ない釣りに付き合ってくれる釣友は、周りに少なかったのです。

それでも、来る日も来る日も同じようにポイントに行っていると、ある日同じような目標を持って頑張っているアングラーに出会うことができました。その人とは、たびたびポイントで出会ったことから徐々に意気投合して連絡先を教え合うまでになり、そこから情報交換が始まりました。

ある日、その人から「どこか違う場所に一緒に釣りに行ってみないか」という提案があって実現しました。そんなことを何度か繰り返して、地元以外にも気に入ったポイントができると、今度はそこでも同じ目標を持ったアングラーに出会います。当然その人とも意気投合。そしてまた新しい情報交換の輪ができたのです。

ポイントの話。条件の話。道具の話。ルアーの話。長い間ひとりで試行錯誤してきて釣ることの難しかった魚が、仲間と一緒に釣りに行き、一緒に考えることで、徐々に釣れるようになっていきます。

平日は地元で釣りをして、週末になると地元を離れていろいろな場所に釣りに行く。これを繰り返していくうちにどんどん新しい人に出会い、知らない間に釣りを通じて知り合った仲間が全国的に増えていきました。

神出鬼没で、気難しいシーバスをいったいどうやれば釣ることができるのか。これをクリアするためにみんなで集まり、情報を出し合い、知恵を絞り、試行錯誤しながら突き詰めていく。そして「シーバスを釣りたい」という目標を達成して一緒に喜び合う。最初はひとりだったのがふたりになり、それが3人になって、どんどんパーティーが大きくなっていく。シーバスゲームはロールプレイングゲームにとても似ていると思います。

釣り仲間で情報を共有し、知恵を出し合い、「シーバスを釣りたい」という目標を達成して喜びを分かち合う。仲間が増えるほどその輪が大きくなっていく

The five messages

バスフィッシングとは似て非なるもの 3

私がルアーフィッシングと最初に出会ったのは、ブラックバスでした。それはアメリカからやってきた、なんだかとても大きな口をしためちゃくちゃカッコイイ魚で、しかもルアーという偽物を使って騙《だま》して釣るというもの。これまた今までの日本の釣りにはなかったテイストで、小さなイズミ少年の心は大きく躍ったのでした。

ブラックバスは、食性のほかに、好奇心や警戒心でもルアーにアタックしてくる、とてもアグレッシブな魚でした。そしてアングラーは、ルアーを使ってブラックバスをイライラさせたり、怒らせたり、また時には防衛本能に訴えかけることでルアーに食いつかせることができるのです。

しかし、シーバスにはこれがありません。厳密にいえば完全にないわけではありませんが、多くの場合、シーバスはルアーに対して食性でアタックする以外はないのです。ですから、その時にシーバスが捕食しているエサとシルエットが大きく違う変なカタチのものや、変なアクションには警戒して食いついてこないのです。

シーバスがルアーにアタックしてくる動機は、お腹がすいたからエサを食べる。これに尽きます。リアクションバイトと呼ばれる反射食いがありますが、だいたいはそのエリアに存在するベイト絡みです。このことを証明するように、バチパターンでボイルしまくっているシーバスに小魚のかたちをしたミノーをキャストし、激しく動かしてリアクションバイトを誘っても、まず食ってくることはありません。

だからシーバスが面白くないといっているわけではありません。だから面白いのです。食性でしかルアーに反応しない、ある意味ブラックバスよりも真面目な？　シーバスとのこの対話が面白いのです。

ルアーサイズなのか？　カラーなのか？　アクションなのか？　それともリトリーブスピードなのか？　その時にシーバスが捕食しているベイトに、ルアーをどれだけ似せることができるかどうか。これを詰めていく作業がとても面白いのです。

見た目はバスフィッシングに似ていますが、その実は違うのがシーバスフィッシングなのです。

ともに「バス」と名の付く魚でも、ブラックバスとシーバスのルアーゲームには大きな違いがある

The five messages

私が現場主義を貫く理由 4

やればやるほど分かること。それは、この釣りにゴールはないということです。極めることなんてまず不可能だということなのです。もちろん経験値が上がるほど、シーバスはねらって釣ることが可能になるターゲットです。それでも日々の鍛錬が必要なのです。現場に出続けていることが大切です。それはなぜかというと、この釣りはまだ分からないことも多くて、今現在においても進化の途中だからです。

　ロッド、リール、ラインなどの道具の進化は日進月歩で、ルアーもそうです。どんどん新しいものが生み出されています。テクニックも同じです。これらによって、今まで釣れなかったシーバスがいろいろな方法でヒットできるようになってきているのは確かです。しかし、すべてを思ったように釣るまでには至っていません。

　目の前で激しくボイルしているのに何をやっても食わない。勢いよく追ってくるのに反転して逃げる。しっかりとフッキングしたのにエラ洗いで外される。なぜそうなるのか。解明されていないことだらけです。そして、答えは確実に現場にあります。これは断言できます。

　今では簡単なパターンの代名詞であるバチ抜けパターンも、昔は釣れない代表格でした。そこにシンキングペンシルという全く新しいアクションのルアーが登場して状況が一変すると、1が100になるくらいに、いきなり釣果が伴いだした。それはものすごい驚きでした。

　また、近年の代表的な出来事はデイゲームです。シーバスは長い間ナイトゲームが主体でした。しかしこれがタックルの進化とアングラーの考え方の変化によって、ほぼ年中デイゲームでも普通にねらうことができるようになってきました。今では誰も驚きませんが、10年前では全く考えられなかったこと。進化しているのです。

　これらの例からも分かるように、はっきりいって、絶対に釣れないシーバスはいません。それが釣れないのは、まだその釣り方が解明されていないだけなのです。

　これをどうにかしたいのです。「釣りたい」この一心だけです。だから私は日々現場に向かいます。シーバスをもっともっと釣りたいから、だから行くのです。

シーバスフィッシングを本格的に始めてから約30年。分かってきたことも多いが、まだまだ分からないことも多く進化の途中。だからこそ、その答えを求めて、つねにフィールドに立つのだ

The five messages

10倍釣れるには……

5

10倍釣れるってありえないと思っていませんか？　でもこれ、私は本当に可能なことだと思います。なんでそんなことがいえるのかって？　そりゃもう私自身が体感しているからにほかなりません。

この釣りを始めてから、もうかれこれ30年くらいになりますが、その当時から比べると、確実に成長している自分がいます。釣りが年々進化しており、釣果が出るようになっているからです。その確率は、確実に上がってきています。

３６５日24時間の中で、釣行するタイミングも釣り場もすべて自由に選べるとしたら、かなりの確率でシーバスに出会うことができます。ボウズはまずないといえるほどです。

これってスゴイことだと思いませんか？　でも、実際にそうなんです。

昔は、数撃てば当たる感じでガンガン釣行していました。それは、何も分かっていなかったからなんです。やればやるほどにこの釣りはきちんと読めるし、ちゃんと釣れる、結果の出る釣りなのです。

では、今よりも10倍釣るためにしなければいけないことは何か。それは、10倍釣行することではありません。10倍キャストすることでもありません。今までよりも10倍、頭の中で考えればよいのです。

ところが、事前にしっかり勉強してから現場に行っても、実際にはポイントを前にすると多くの人はそれを忘れてしまいます。

私は、そんな10倍釣りたい欲張りで、向上心の強いアングラーの皆さんのお手伝いができればと思っています。現場で忘れないでほしいことは、本書の中に随所に記述しています。それは誰にでもすぐにできることばかりです。なんだ、そんなことか！　というような内容もいっぱいあります。読めば分かるような話ばかりです。でも、それが実際にはできていないのが現実なのです。

釣りに限らずどのようなことでも基本が大切です。そして、初心忘れるべからず。これに尽きます。

「間違いなく釣れる」を実現する、シーバス釣りヒット10倍の鉄則。釣れるにはすべてに理由があるのです。

ヒット 10 倍の鉄則を実践して、「間違いなく釣れる」を実現しよう！

1章　投げる

Cast

私が多くのアングラーを見て感じるのは、キャストがきちんとできていない人が多いこと。基本どおりに投げれば飛距離が伸びるのに……。ルアーフィッシングに限らず、〝キャスト〟は釣りにおいて一番行なう回数が多く、かつ最初の動作。つまり釣りのアプローチの始まりです。

キャストを疎《おろそ》かにするのは、釣果を減らすことにも繋がります。闇雲にただ投げ続けるのではなく、コツをつかんで飛距離をコントロールし、時には投げることで釣れなくなるタイミングもあるのでその見極めも必要です。無意識に行なわれ、軽く見られがちなキャストは、実は非常に大切な動作であり釣果を左右する要素であると心得てほしいものです。

キャストは冷静・ていねい・正確に、遠投する

釣り場やイベント・セミナーなどで数多くのアングラーに接してきて思うのは、想像以上にしっかりと投げられる人が少ないことです。シーバスロッドは９ft以上が主流ですが、サオが長いという意識が薄いせいか、バス投げ、いわゆるアキュラシーを重視したテイクバックの小さいキャストの人が目立つように感じます。実際にバスから入ってきた人も多いのでしょうが、ショートロッドでは問題がなくても、ロングロッドではきちんとタラシを取ったペンデュラムキャストをオススメします。

ペンデュラムキャストとは、ロッドティップからルアーを垂らして（私の場合は約１ｍ50㎝）振り子のようにテイクバックしてキャストする方法です。これが一番飛距離の出せるキャスティング方法です。思うようにルアーを飛ばせない人は、まずはこのキャストをマスターしてください。また、全体的にキャストを疎かにしている、無駄に急いで投げていると感じる人も非常に多いです。「もっとていねいに投げればいいのにな」と思います。釣りたいという欲求が、「早く投げたい、たくさん投げたい」と急がせてしまうのかもしれませんが、そこをぐっとこらえて１投１投を大事に投げましょう。

たとえば風が強く吹いている状況で、必死に風と喧嘩《けんか》しながら投げている人がいます。こんな時でも、ふっと風が弱まる間があります。風速５ｍの風が、３ｍになる時が必ずあるのです。その一瞬がチャンス。タイミングを合わせることで、飛距離もねらう場所も思いどおりに投げられます。

常に状況を見ながらキャストすること。この冷静さを、もっともっと意識してもらいたい。キャストは釣りの基本です。シーバスフィッシングに限らず、どんな釣りでもこれは普遍の真理です。ねらったところへしっかり投げられる、ルアーを入れられることが釣果への第一歩なのです。「数打ちゃ当たる」というのも確かに一理ありますが、シーバスフィッシングにおいては、ここぞというタイミングでねらい撃つ、１投しかチャンスがない場面が多々あります。だからこそ冷静に、丁寧にキャストする心構えが必要になってくるのです。

ペンデュラムキャストとバス釣りのキャストとの違い

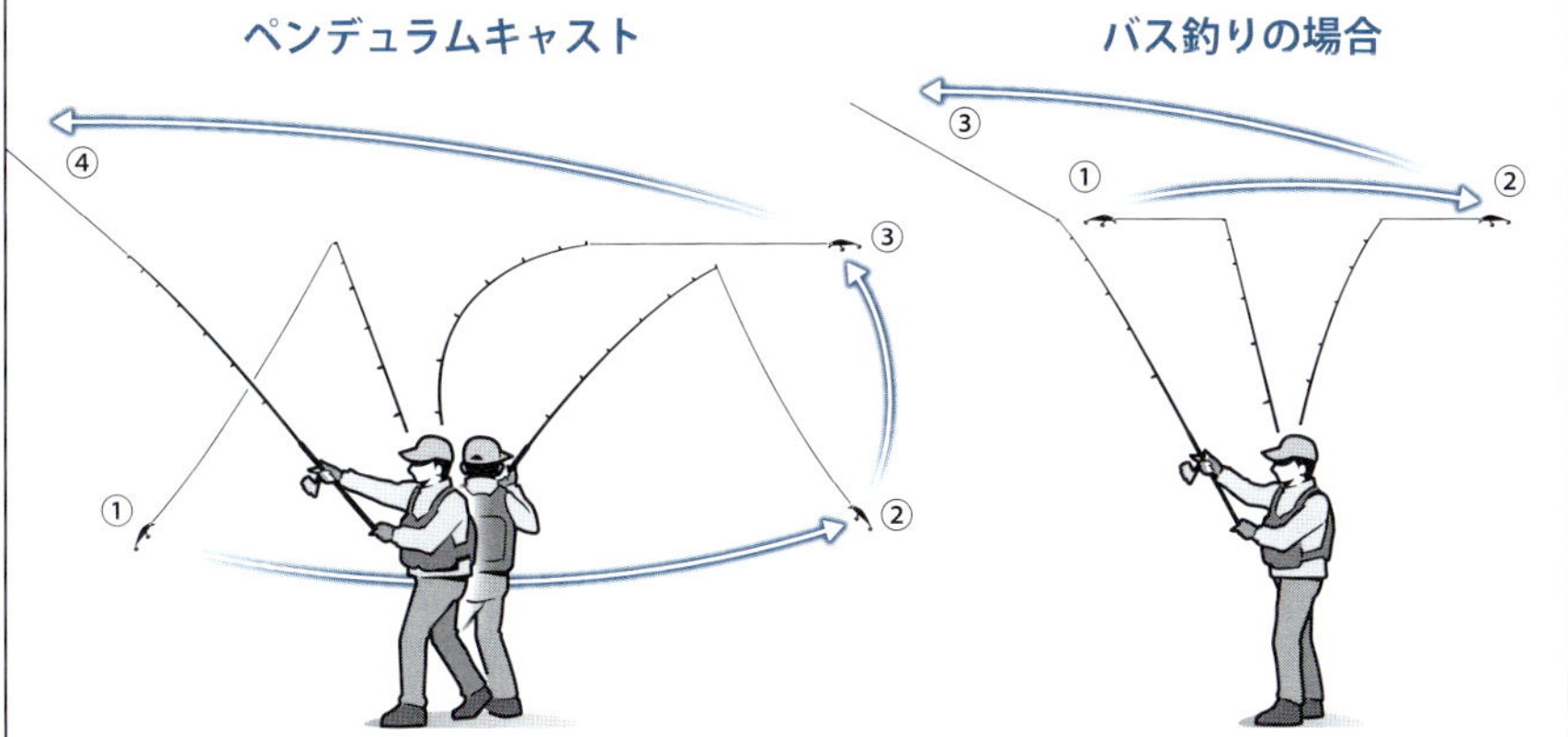

①→②
長いタラシを振り子のようにしてテイクバックする
②→③
ルアーが後方へ振られたところからキャスト態勢に入る
③→④
ロッドの反発力を利用しながら振り切る

①→②
短いタラシでクイックに手首の返しで振りかぶる
②→③
振りかぶったところから左手を引くようにキャストする

キャストの飛距離は状況やタイミングで大きく変わる。現場を常に観察し、冷静に、正確なキャストを心がけよう

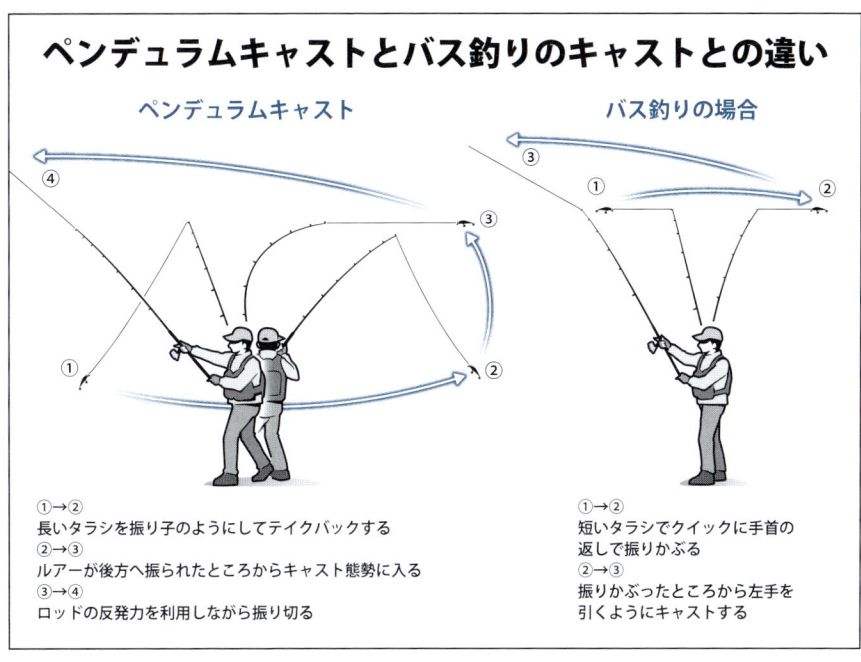

ペンデュラムキャストを決めて飛距離を伸ばせ

ペンデュラムキャストの具体的なコツは、ロッド、ライン、ルアーの角度を気にすること。テイクバックでこの3つの角度が一直線になった時にインパクトする（前方に投げ始める）と一番力が伝わります。角度がバラバラだと力が分散され、飛距離が出にくくなるのです。この基本的なことが、分かっているつもりでもできていない人は非常に多い。キャストが上手く決まらないと感じている人は、まずはここを意識してください。

次にラインを離すタイミングですが、早すぎても遅すぎてもダメです。早すぎるとルアーの軌道がテンプラ（上へ上がりすぎ）気味になり、遅いと今度は低くなり、あまりに遅いと目の前に叩きつけるようになってしまいます。ではどのタイミングかと問われると、明確には答えることができません。理由は、使うロッドの硬軟によって変わってくるからです。目安としては、硬いロッドの場合は早め、軟らかいロッドの場合は遅めになります。つまりベストのタイミングは、強いていえば「ロッドの反発力が最大限に発揮される時に離す」となります。

キャストが決まった時の感覚は、誰もが感じられると思います。それをいつでも毎回できるようになれば、マスターしたといえるのではないでしょうか。私は仕事柄実釣セミナーも開催していて、参加者にこのコツを教えると間違いなく飛距離が出るようになります。ルアーを遠くへ投げられることは大きなアドバンテージです。ぜひ実践してみてください。

次はねらった方向にしっかり投げるためのコツです。これは簡単で、投げる方向、ねらいたいところをしっかりと見ることです。ところが意外にも適当に投げている人が多いのではないでしょうか。キャストする時はまず安全確認のために後方を見て、それからキャストの動作に移行します。この時、しっかりと投げたい所へ顔を向けること。そうすることで自然に身体も同じ方向へ向きます。これだけでねらった方向へキャストできます。

最後に力加減ですが、私の場合、なんでもかんでも遠くに飛ばそうとして目一杯力んで投げるのではなく、常に8割の力で投げるような意識でキャストしています。

ペンデュラムキャストのテイクバック

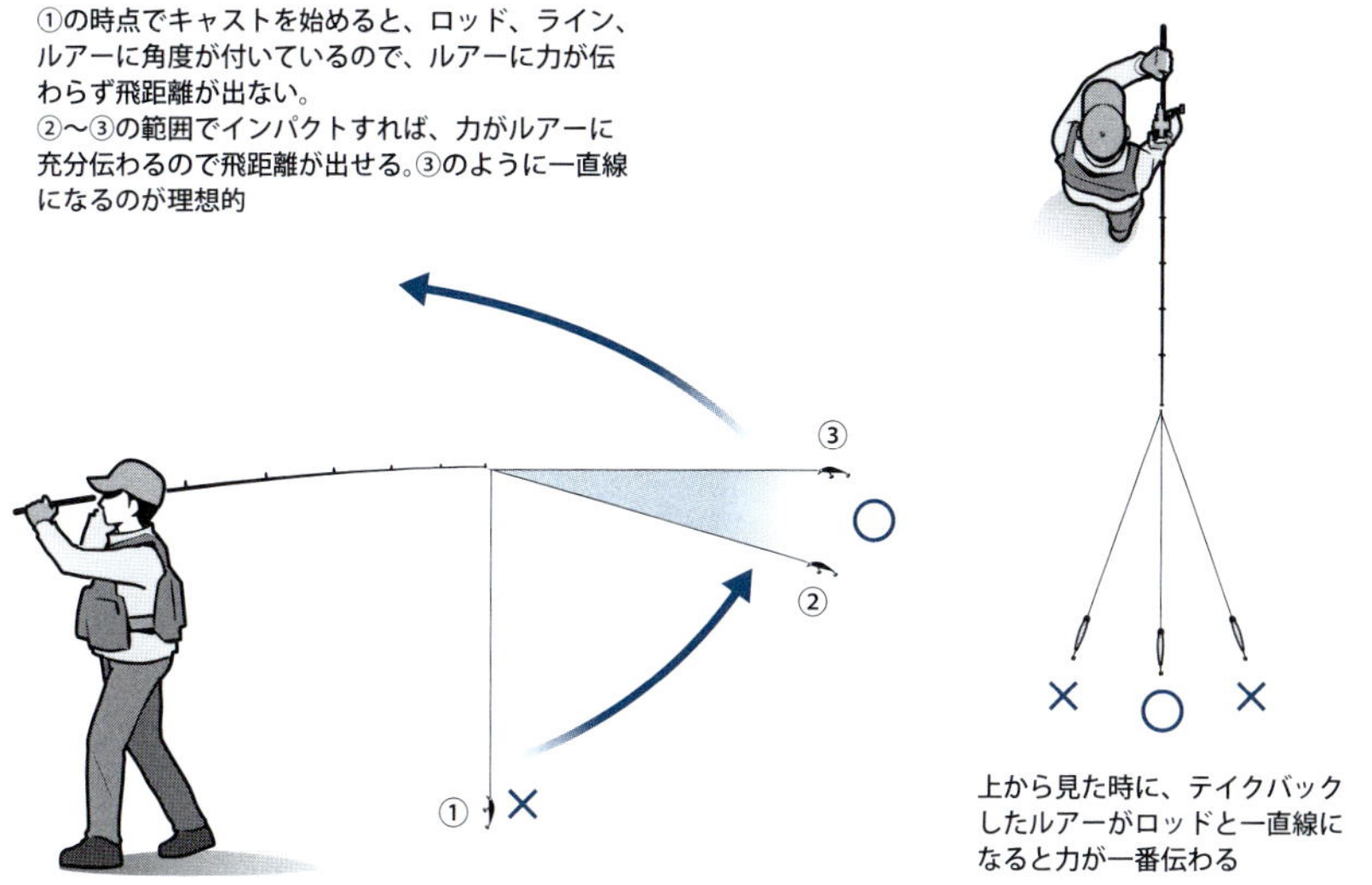
①の時点でキャストを始めると、ロッド、ライン、ルアーに角度が付いているので、ルアーに力が伝わらず飛距離が出ない。
②～③の範囲でインパクトすれば、力がルアーに充分伝わるので飛距離が出せる。③のように一直線になるのが理想的
③
○
②
①
×
×
○
×
上から見た時に、テイクバックしたルアーがロッドと一直線になると力が一番伝わる

どんなフィールドでもまず後方の安全を確認してからキャスティングの動作に入ること

ルアーの飛距離を「もうひと伸び」させるテク

ルアーが遠くへ飛んだほうが釣れるのは間違いのないことです。飛べば飛ぶほど釣れます。これは単純にシーバスがいるところへルアーを届けられるから、遠くへ飛ぶことでチャンスが増えるからにほかなりません。

シーバスフィッシングは、研究され、進化するなかで、より飛距離が出るルアーが開発されました。飛ぶルアーはよく釣れます。これはルアーの泳ぎ性能よりも、明らかに「飛ぶこと」によってもたらされた釣果なのです。

面白いことに、飛ぶルアーができてからシーバスのボイルはどんどん遠くなっています。私がこの釣りを始めた頃と比べても、ボイルの起きる位置は明らかに遠くなっている。これはプレッシャーのかかるアングラーの射程圏にシーバスが入ってこなくなる実例です。ルアーが届く範囲が広がったことで、シーバスの安全圏がアングラーから遠くなったわけです。この安全圏にルアーが届けばシーバスはより釣れる、ルアーを遠くへ飛ばすことが大きなメリットになる。アングラーとシーバスのいたちごっこのようなこの図式は、ずっと繰り返されてきました。

永遠のテーマでもある飛距離の向上をめぐっては、ルアーだけではなく、ロッド、ライン、タックルのすべてが進化し、さらにアングラーのキャスティング技術の向上でほぼ限界点まで登りつめた感があります。そこで、ここではちょっとした工夫で「もうひと伸び」というテクを紹介しましょう。それはフックとスナップです。

フックやスナップが飛距離に関係するのか？　と思われるかもしれませんが、これで飛距離が数m変わることがあります。わずか数mでも、限界に近いところでの数mはかなり大きな意味をもってきます。

フックでは、まずサイズを大きくして重量を稼ぐことで飛距離を出す方法があります。これとは逆に、フックを小さくして空気抵抗を減らし、飛距離を伸ばす方法もあります。前者はプラグなどのルアー自体の自重が比較的軽いものに有効で、逆に後者は鉄板系など、ルアー自体が重いもので効果を発揮します。

スナップに関しては、スナップの有無で飛距離が変わ

スナップの有無で変わる飛距離

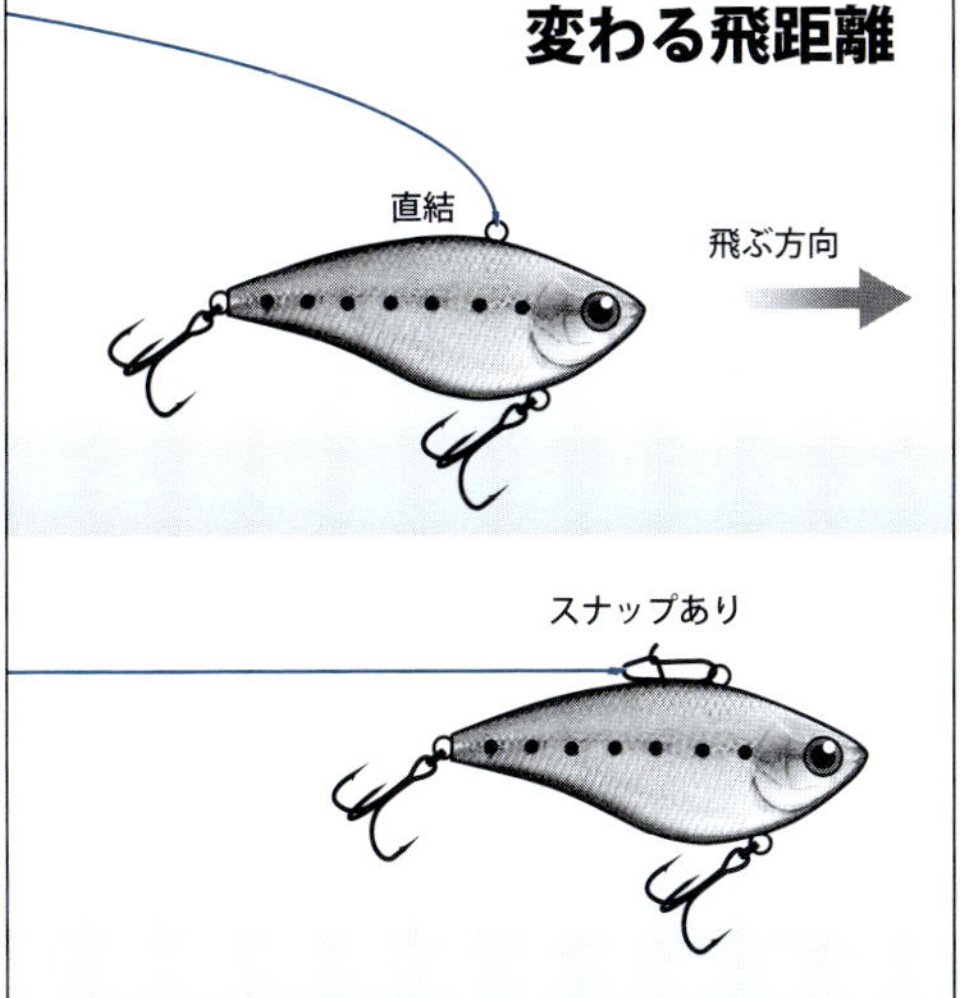

直結とスナップ付を比べると、スナップありのほうがルアーとラインが直線的になり飛距離が出やすい

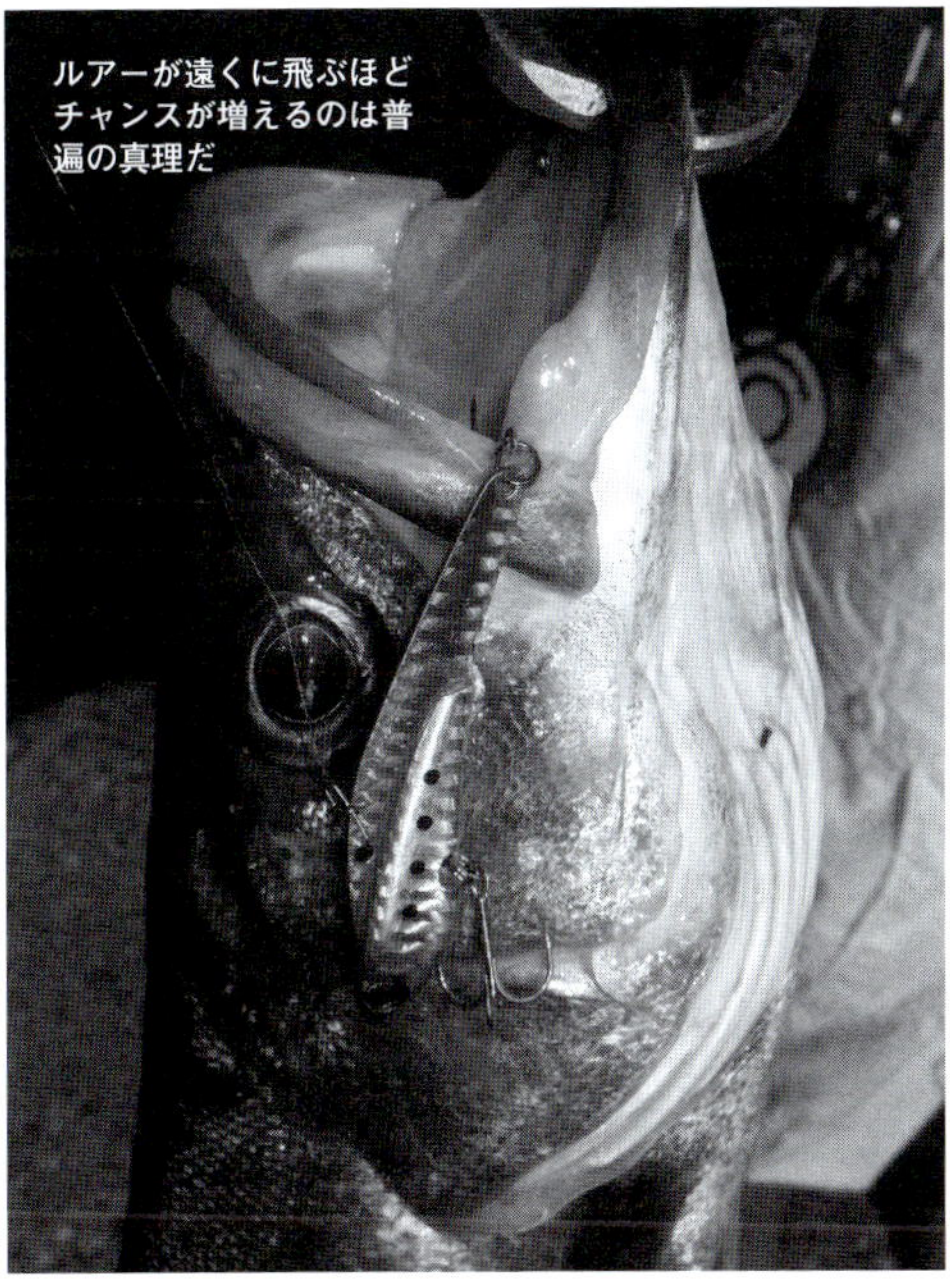

ルアーが遠くに飛ぶほどチャンスが増えるのは普遍の真理だ

ることがあります。バイブレーションなどは、重心が前でラインアイが背中にあるとルアーとラインが一直線にはならないので、ラインがはらみやすくなります。この時、もし直結だとそれがより強調されます。スナップを付けていると、スナップが倒れることで一直線になりやすくなり、抵抗が減るのでそのぶんルアーが飛びやすくなるのです。ちょっとしたことですが、３ｍでも５ｍでも飛んだほうが釣れます。こだわってみてください。

飛距離が出る細いラインの落とし穴

飛距離というメリットを最大限に発揮するためには、細いラインを使用するのは今や常識です。ライン径が小さいほど抵抗がなく、ルアーを飛ばせるのは間違いない事実です。大半のルアーはこの原理原則に則っているので、できるだけ細いラインを使うことをオススメします。

ところが、この細いラインが必ずしもルアーの飛距離を出せるとは限らない。それは飛行姿勢が安定しにくいジョイントルアーなどを使う場合です。ジョイントルアーは構造上空中でばたつきやすく、それが飛距離を損なう原因になっています。こんな時にはあえてラインを太くして抵抗を大きくすることで、飛行姿勢を安定させます。その結果、細いラインよりも飛ぶという不思議な現象が起きます。

ルアーとラインに適正なテンションが掛かれば細いラインのほうが有利ですが、ラインが細すぎることでテンションがフリーになってしまうと、ルアーがばたつき、逆に飛距離が出ないことになるのです。分かりやすくいえば、ロケット花火を想像してください。火薬部がルアーで棒がラインの関係です。火薬部の飛ぶ力を安定させるのが棒の役目。この棒がないと抵抗が全く存在しないことになり、まっすぐは飛びません。これと同じことなのです。

ビッグベイトなど、ベイトタックルを前提としたルアーにも同様なことがいえます。ベイトリールは、スピニングリールに比べて抵抗が掛かった状態で使用しています。このような条件を前提に作られているルアーは、スピニングタックルで使用すると、抵抗が少ないために飛ばない、ラインとルアーが絡むなどのトラブルになりやすい。やたらとルアーとラインが絡むような時は、ラインが細すぎる可能性があることを疑ってみてください。

ただし、実際に現場でラインを巻き替えることはなかなかできないと思うので、そういう時はサミングで調整しましょう。それも絶妙な押さえ方で、少し抵抗を与えるような感じです。もしも、そのほうがルアーが安定して飛ぶのなら、間違いなくラインが細すぎたと判断できるのです。

飛行中のルアーとラインの関係

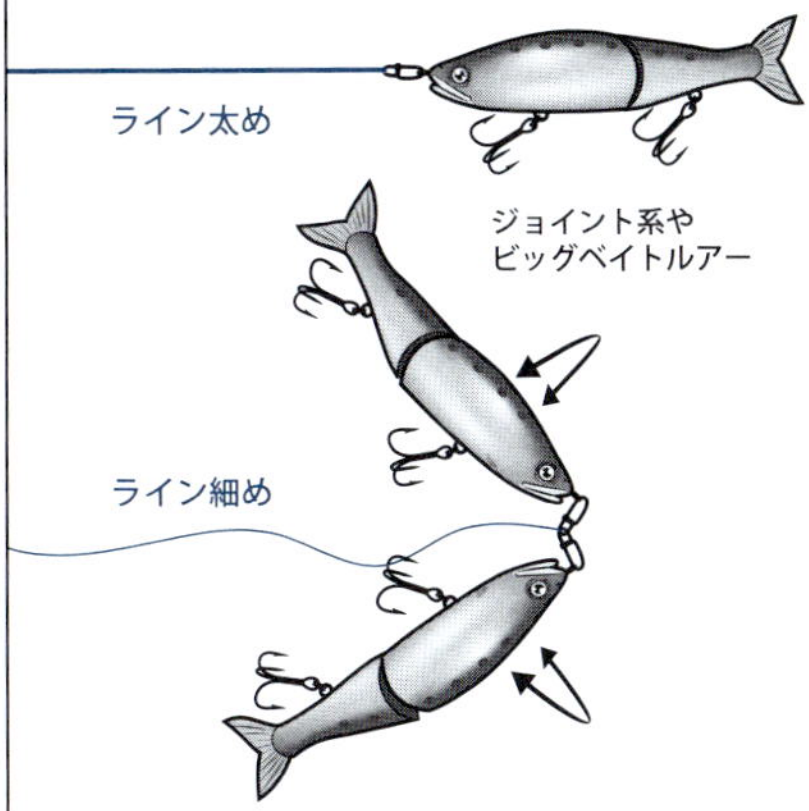

ジョイント系やビッグベイトなどは、ラインが太いほうがテンションが掛かり飛行姿勢が安定する。ラインが細いとテンションフリーとなり、ルアーがばたつきやすい。その結果ラインが絡んだりするトラブルが起きやすくなる

ロケット花火とルアーは同じ原理

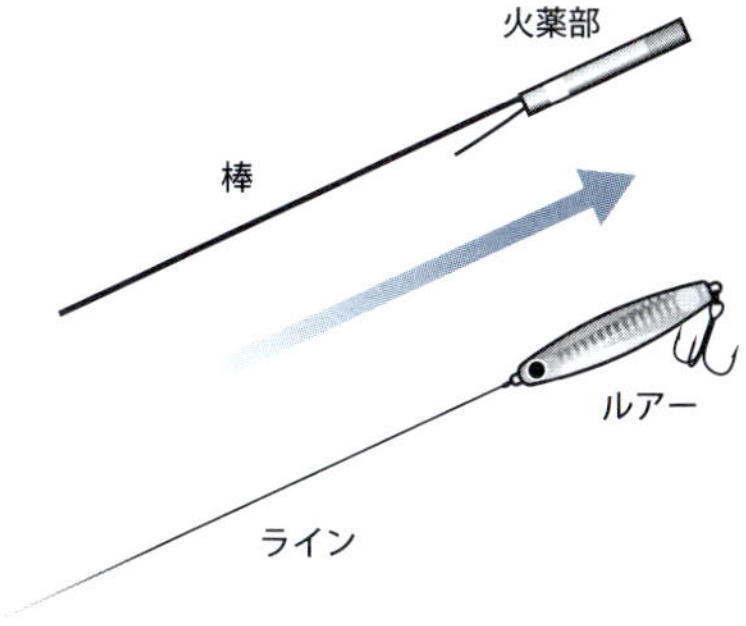

ロケット花火がまっすぐ遠くへ飛ぶのは、棒があることで抵抗が生まれ、飛行姿勢が安定するから。これと同じことがルアーとラインの関係でもいえる

飛距離が出る細いラインは諸刃の剣的な面もあることを知っておくといい

あえてフルキャストしない

遠投することのメリットは計り知れないのですが、いつでもどこでもフルキャストが正解だとは限りません。先に記したボイルが遠ざかる現象について補足すると、ニュートラルな状態でルアーを投げ続ければ、魚はどんどん自分から離れていくという意味です。これに対して、風が自分のほうに向かって吹いている、シーバスの活性が極端に低い、透明度が極端に高い時などは、護岸や堤防の際、アングラーの足元にシーバスがいることもあります。こういう状況下では、オープンエリアでいくらフルキャストをしたところで、シーバスからのコンタクトは得られません。

活性が低い時のシーバスは必ずどこかに身を寄せます。それは壁であったり、ボトムの変化であったりします。また、透明度が高い時は宙層に浮いてくることはめったにありません。向かい風の時はベイトフィッシュが風に流されて陸側に寄っているので、当然シーバスもアングラーのほうに近づいています。ヒットゾーンは手前です。それなのに遠くへルアーを投げるのは、非常に効率の悪い釣りをしていることになります。

端的な例として、子供や女性にやたらと釣れる場合、こういう時は間違いなくヒットゾーンが手前にある証拠。成人男性に比べて飛距離で劣る子供や女性が釣れている、そのヒットゾーンが30mだとしたら、フルキャストで80m飛ばしてねらうのはナンセンスです。

もっと分かりやすい例はテトラ際で釣れるパターンです。この場合は沖に沈んでいるテトラをなめるようにルアーを通してくればよいのですから、フルキャストは全く無意味。チョイ投げで、テトラに沿うようにルアーを引けば釣れます。

もう1つ、今度は遠投での例を挙げましょう。沖の潮目をねらう場合でも、毎回同じフルキャストを続けているとシーバスはその軌道にスレてきます。そこで、あえてショートキャストを入れることでシーバスに見切られないようにするのです。この時、ショートキャストとフルキャストではルアーの軌道、ヒットゾーンでのレンジが変わってきます。遠くへ投げても手前のヒットゾーン

フルキャストが釣れない時

向かい風、シーバスの活性が極端に低い、極端に透明度が高い時などは、護岸や堤防の際など自分の足元にシーバスがいることが多い。こういう時にフルキャストしてもヒットゾーンにルアーを通すことはできない。キャストの飛距離が出ない子供や女性が釣れる時は、このパターンの可能性が高い

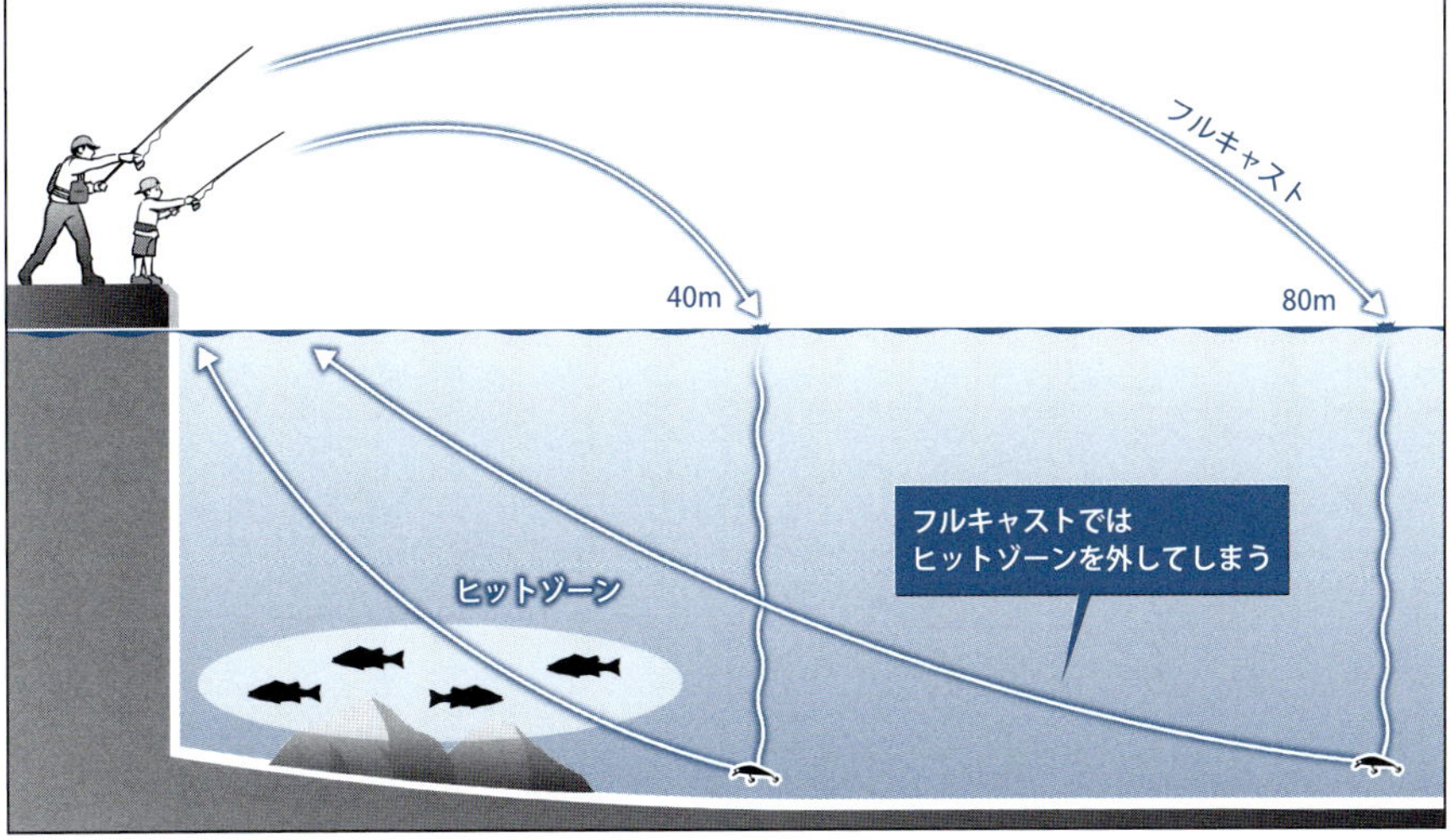

を通すことはできますが、その場合、レンジが違っているということです。その差がバイトが出る・出ないに関係することもあるので、毎回同じフルキャストを繰り返すのではなく、ショートキャストを織り交ぜることが実は重要だったりするのです。

フルキャストは気持ちがよく、ついそればかりになってしまうこともありがちです。またナイトゲームでは見える情報が少ないぶん、闇雲にフルキャストしてしまいがちです。しかし、そのことで実は逃してしまう魚がいることも覚えておいてほしいですね。そういっても、私もついフルキャストしてしまいがちですが（苦笑）。

遠投でヒットの確率は上がるが、いつも遠くにヒットゾーンがあるとは限らない

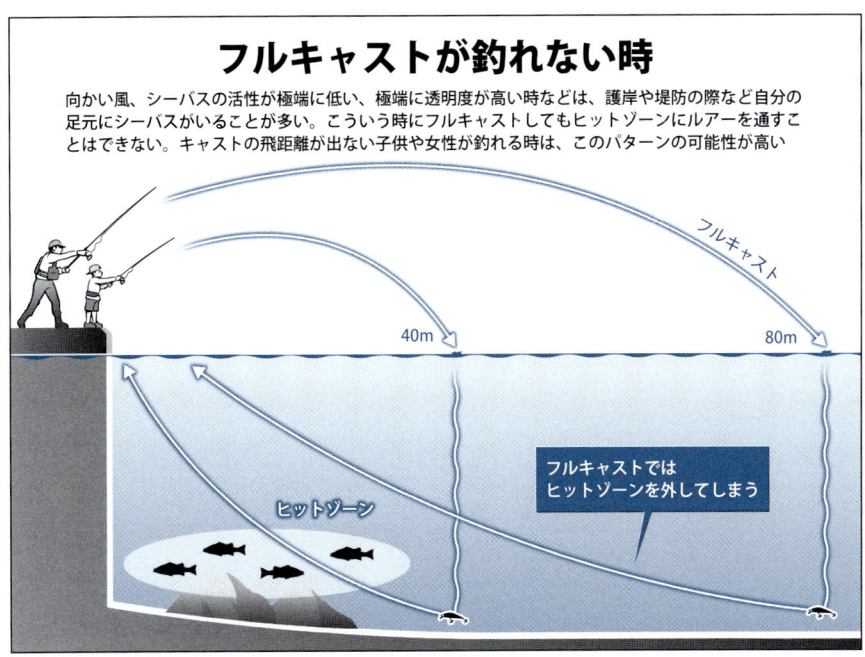

無駄撃ちしないシチュエーション&タイミング

ルアーを投げなければシーバスが釣れないのは当然のこと、釣るためにルアーを投げるのですが、ルアーを投げること=シーバスに警戒心を抱かせることでもあります。つまり、ルアーを投げれば投げるほど、残念ながらシーバスはスレてしまいます。

シーバスがルアーを食うタイミングの一番は、ボイルが起きた時などに的確にルアーを入れれば、簡単にシーバスは食ってきます。たとえば、朝マヅメに決まってボイルが出る時合があるとして、それが分かっているのにもかかわらず待てずについルアーを投げてしまう。そのせいでシーバスがスレ、本当ならボイルが起きたチャンスに3尾ゲットできたところが、1尾で終わってしまうこともあります。ルアーを投げることで余計なプレッシャーを与えてしまったわけで、ここぞというタイミング以外では無駄打ちしないことこそ重要で、現場にいてもあえてルアーを投げないことも必要なのです。

土日など、アングラーが多くなればそれだけ多くのルアーが投げられ、プレッシャーが掛かって釣れなくなります。逆に人の少ない平日がよかったり、ヒットがなく大勢いたアングラーが帰ったあとで釣れたりする例からも、ルアーがシーバスにプレッシャーを与えていることが証明されています。

時合という言葉があります。ポイントによってさまざまですが、潮が動くタイミング、流れが出るタイミング、ベイトが入ってくるタイミング、気圧が変化するタイミングなど、さまざまな要素で釣れる時合は存在します。このタイミングで確実に釣果を出したければ、ポイントに入ってもルアーを投げず、時合を待つことです。余計なプレッシャーを与えずに、ここぞという時まで待つのです。そこが小場所であれば、なおさらです。

ケモノ道でねらいの獲物を待つハンターのように、じっとその時を待つ。そして獲物が来たら一発でヒットする。これがシーバスフィッシングの根底です。時合の前にルアーを投げてしまうのは、獲物が来る前にマシンガンをぶっ放しているようなもの。当然、獲物は警戒してその道を通りません。シーバスフィッシングはハンティングなのです。

雑誌などで華々しく魚持ち写真を掲げる有名アングラーたち。しかしその1尾をキャッチするウラでは、ポイント確保のために、彼らは現場に入って3時間以上も待つというようなことをしています。

シーバスは、こうしないと釣れない魚、シーバスフィッシングはこういうシビアな釣りなのだということを、もっと理解してもらいたいのです。

時合をつかみ、最高のタイミングでキャストすればシーバスとの距離はグッと近づく

ボイルは「必ず起きる場所」をねらい撃つ

シーバスが一番確実に釣れる条件のボイル撃ち。実際には釣れない、釣りにくいボイルも存在しますが、カタクチイワシに対しての場合などは、１００％間違いなく釣れる鉄板のボイルといえるでしょう。

ボイル撃ちで釣れないのは、かなりもったいないことになります。その原因としては前項で触れた、ボイルが起きる前からルアーを投げ続けてプレッシャーを掛けてしまっていることのほかに、ボイルを直撃しているケースもあります。この例は多く見受けられます。直撃することでシーバスにプレッシャーを与え、ボイルが沈んでしまいやすくなります。基本はボイルよりも沖にルアーを投げて巻いてくることです。

もう1つ、ルアーが合っていない場合もあります。ボイル撃ちは、いわゆる偏食パターンです。シーバスは決まったベイトフィッシュを追いかけているので、それしか頭にない状態。追っているベイトに合ったルアーでないとバイトが出ません。カタクチイワシパターンの時は小さめのペンシル、コノシロパターンの時は大きめのルアー、サヨリパターンの時は細身のルアーというように傾向が決まっていて、ずれると極端に食わなくなる。だからベイトフィッシュの種類に合わせたルアーチョイスをしなければ釣れないのです。

また、目の前でボイルが発生すると興奮してとにかく投げてしまいがちですが、よく観察するとボイルは遠くへ行ったり、近づいてきたりと動いていることが分かります。さらに、ボイルが発生するのは大概同じ場所であることが多いものです。これが分かっているのとそうでないのとでは心構えが違ってくるので、観察することが必要になるわけです。

特に、「いつもあそこでボイルする」と分かっていると、そこをねらい撃てばシーバスは間違いなく釣れます。たとえば漁港でボイルに遭遇したとします。この時、一見あちこちでボイルしているように見えても、よく観察すると必ずボイルする場所があるはずです。そこには地形変化や流れの変化など、何かしらのファクターが存在しており、シーバスが待ち構えているのです。これが分

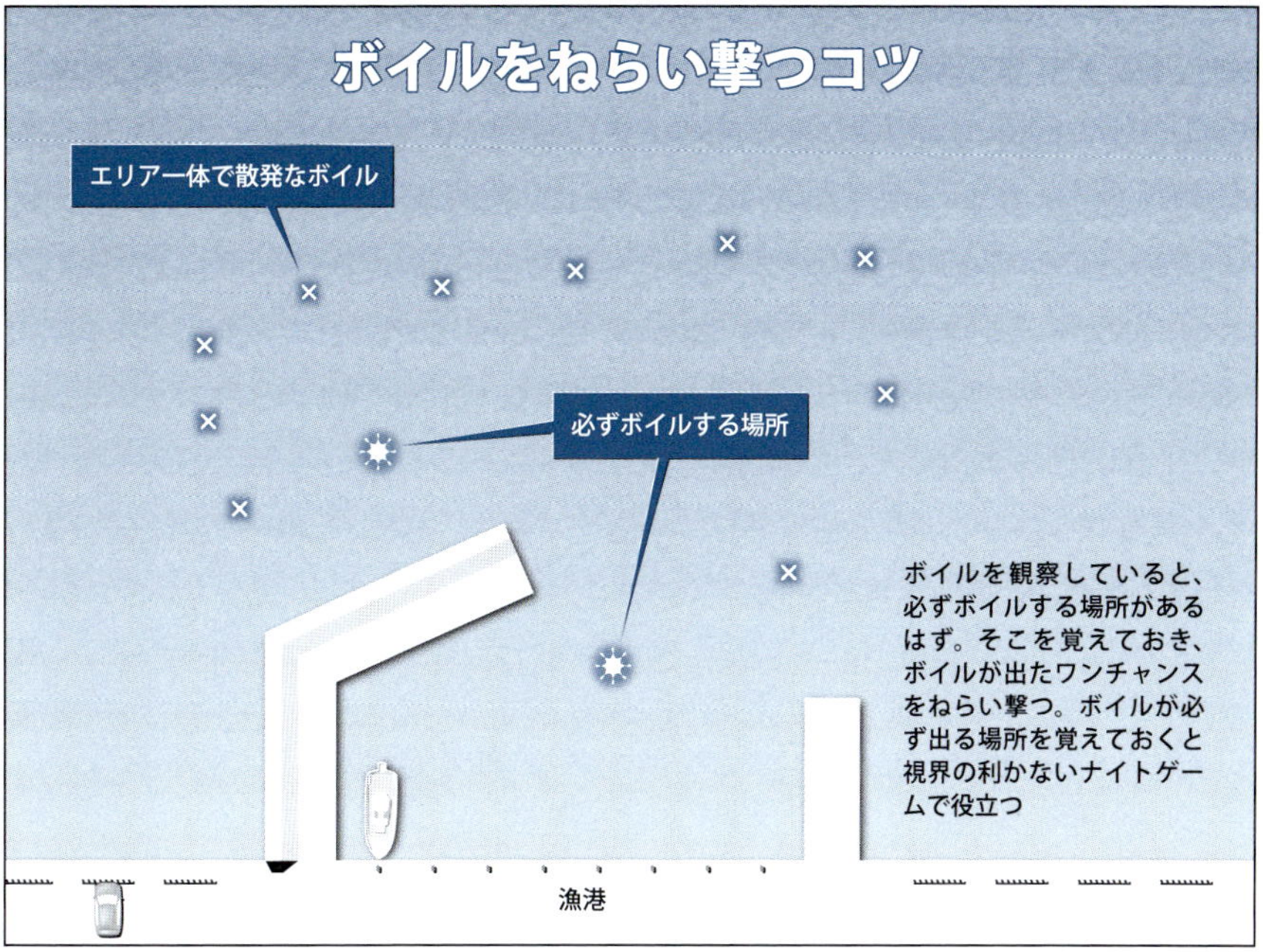
ボイルをねらい撃つコツ
エリア一体で散発なボイル
必ずボイルする場所
ボイルを観察していると、必ずボイルする場所があるはず。そこを覚えておき、ボイルが出たワンチャンスをねらい撃つ。ボイルが必ず出る場所を覚えておくと視界の利かないナイトゲームで役立つ
漁港

かっていれば、じっと待ち続けてボイルが出たタイミングで一撃必釣することもできるのです。

ボイルはアングラーの活性も同時に上げるもの。ただ、こういう時こそ冷静に、むやみに投げない姿勢が大切なのです。

ボイルする場所と「必ずボイルする場所」には決定的な違いがある。よく観察して見極めたい

ボイル撃ちは偏食パターンの釣り。ルアーは必ず捕食対象に合わせること

COLUMN シーバスフィッシングの魅力

ひと言でいって「すごい釣り」だと思いますよ。これだけ人間の生活に近いところに、最大1mの可能性もある魚がいる。岸からねらう魚としては、ホントにピカイチのゲームだと思います。

私も、ルアーはブラックバスに始まり、いろいろな魚を釣ってきたけれども、最後はシーバスにたどり着きました。それほど飽きない釣りです。シーバスは本当に頭がよい魚です。人間の近くで暮らしているからでしょうか、どんどん学習して、年々新しいテーマが出てきます。

また、釣り場が身近だから、タックルを通じて、スレていく魚と対話している感じです。ガシラ（カサゴ）やメバルは、すぐ釣りきられてしまうし、アオリイカは年魚、青ものは回遊魚で通りすがりの魚。一度バラした魚ともう一度向かい合える海のターゲットは、シーバスのほかにはいないのではないでしょうか。

シーズナルパターンが豊富なのもうれしいところ。大阪湾では、バチ、イカ、イワシ、サヨリ、マイワシ、コノシロと季節で変わるベイトがいます。これがだいたいひと月半のサイクルで変わるので、今年のパターンが見えてきた頃には次のベイトフィッシュと入れ替わる。「あとは来年の宿題」になるところも、日本の釣りらしくていいかなと思います。

たとえば、バチのパターンのなかで、南風が吹き出したら「あっ、そろそろカタクチイワシのパターンが始まる」と気持ちも切り替えられます。大阪湾の釣りは、そんなシーズナルパターンが豊富なところが他のエリアよりも恵まれていると思います。

同じような場所にいる魚で、よくクロダイと比較されますが、クロダイは基本的にボトムの魚なので、ある程度同じポイントから動かない。その点、シーバスは中層の魚だから、びっくりするほど急にいなくなる。そんな気まぐれな行動を、推理して追いかけていくのも楽しいですよね。

ともかく、私にとっては、シーバスは常に対話できる友だちでありながら、予想もつかない気まぐれで振り回される恋人でもある。シーバスゲームは、自分にとって恋愛みたいなものかもしれないですね（笑）。

身近な水辺でこんなサイズに出会えるのも大きな魅力

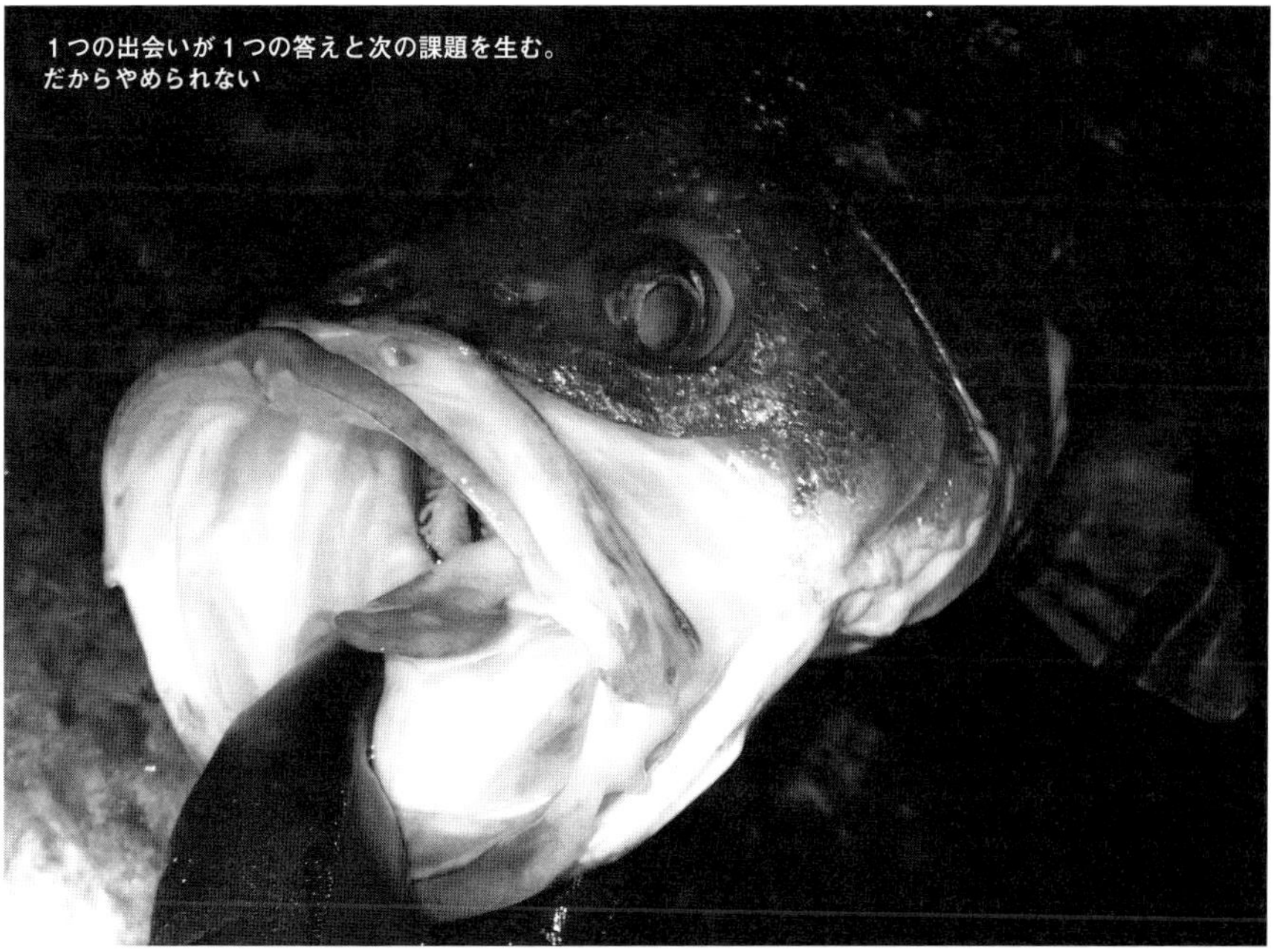
1つの出会いが1つの答えと次の課題を生む。
だからやめられない

2章 巻く

Retrieve

リーリングは、とかく適当になりがちな動作です。ただ何となく巻いている、という人も多いのではないでしょうか。しかし、この巻くという動作は、ルアーを食わせるためだけに行なうのではありません。シーバスを釣るうえで、かなり重要な流れを知る情報源になっているのです。

シーバスを釣るのと同時に、ポイントの状況を把握することがリーリングという動作の本質です。そして、このことを意識できるかできないかが釣果の分かれ道でもあるのです。

巻きスピードの基本とは？

「どのくらいのスピードで巻くのですか？」とよく聞かれるのですが、実は基本の巻きスピードというものはありません。まずはこれを頭に入れておいてください。

巻きスピードは使うルアーによって変わります。つまり、ルアーによって速さを変えるので絶対速度的なものはないのです。意外にもこのことを知らない人は多いようです。

ですが、基準はあります。それはルアーがよく動くスピードです。その状態のなかでも、使っているルアーが「一番ゆっくり巻けるスピード」を覚えておきます。これが基準となります。ただし、遅すぎるとシーバスは食ってくれません。ルアーはある程度泳ぐことで水を押し、それでシーバスを寄せるからです。

ルアーが泳ぐスピードが分からない時は、目視できる日中などにルアーチェックをしておけば、巻きスピードによってそれぞれのルアーの泳ぎが変わることが理解できるのでぜひ試してください。

ここまでの話はルアーから考えた場合です。巻きスピードに基本はないといいましたが、状況から見た場合には、基本となる考え方があります。それは「夏は速め、冬は遅め」ということです。

夏の高水温期はシーバスのエサとなるベイトフィッシュの活性が高く、泳ぐスピードが速くなる。それに合わせて巻きスピードも少し速くなるのです。冬は逆のことが起きるので、ゆっくり巻くことになります。たとえベイトフィッシュの種類が同じでも季節が変われば動くスピードが違ってくる、それに合わせるように巻きスピードも変わってくるのです。

ベイトフィッシュのスピードに合わせることがその時のルアーのナチュラルなスピードで、より多くのバイトに結びつくポイントです。「夏はよく釣れるのに冬は苦手」という人は、もしかしたら自然と巻きスピードが速めなのかもしれません。逆に冬が得意な人は、巻きスピードがゆっくりなのかもしれませんね。

また、これはセオリーとしてよく知られていますが、ルアーが見切られやすいデイゲームは速め、ナイトゲームは遅めというのもあります。これらから導き出されるのは、夏やデイゲームは速いスピードで泳ぐルアー、冬やナイトゲームは遅く巻いても泳ぐルアーがよいということ。巻きスピードの基準は、ルアーセレクトにも結びつくのです。もっとこだわるなら、リールも夏やデイゲームではハイギヤ、冬やナイトゲームではローギヤと使い分けるのも実はアリです。

巻きスピードは状況によって変わるもので、絶対的な基本はありませんが、状況に合わせて変えていくことができるかどうかが、とても大切なキモなのです。

巻きスピードは状況に合わせて変えていくことができるかどうかが肝心

リーリング時のティップの角度を意識する

みなさんはリーリング時、何に気を遣っていますか。巻きスピード、ルアーのアクションなど、シーバスのバイトを得るためにいろいろな事柄を気にしながら、食わせることに集中していると思います。もちろん、私も同じです。そして、いざバイトがあったのにヒットしないこともあります。その時、アングラーはよく乗らなかった理由を「食いが浅かった」「ショートバイトだった」などといったりします。

しかし、もちろんバイトが浅いことはありますが、それ以前にバイトを乗せるためにティップの角度は正確にできていたのか？　という問題があります。それができていないのに、食いがどうのとか、ショートバイトとかいうのはおかしいのです。

まず声を大にしていいたいのが、バイトはロッドのティップで乗せるということ。決してアングラーが合わせることで乗せるのではないのです。厳密にいえば、アワセは乗ってからの動作です。しっかり乗せることができていなければ、合わせてもフックアウトしてしまうわけです。このことを理解している、意識している人は非常に少ないですね。

バイトが乗る仕組みは、ティップが入ることですから、このティップがきちんと入りやすいように意識しなければいけません。ここでティップの角度が重要になってくるのです。

ロッドによって、一番ティップが入りやすい角度が存在します。その角度を意識してリーリングしなければいけないのですが、適当に自分が巻きやすい角度でリーリングしている人が多いのではないでしょうか。

キャストしてリーリングする時、ロッドとラインがまっすぐでは、間違いなく乗らないでしょう。逆にロッドが垂直に立った状態でも、乗りにくいのは分かると思います。その両極端な例の間に、ベストの角度が存在します。それをリーリングしながら意識しているのです。

ルアーが遠くにある時と手前にある時では、適正なティップの角度も当然変わってきます。これはロッドを横に寝かせてリーリングする時でも同じで、ロッド位置が

ティップの角度とガイドの向き

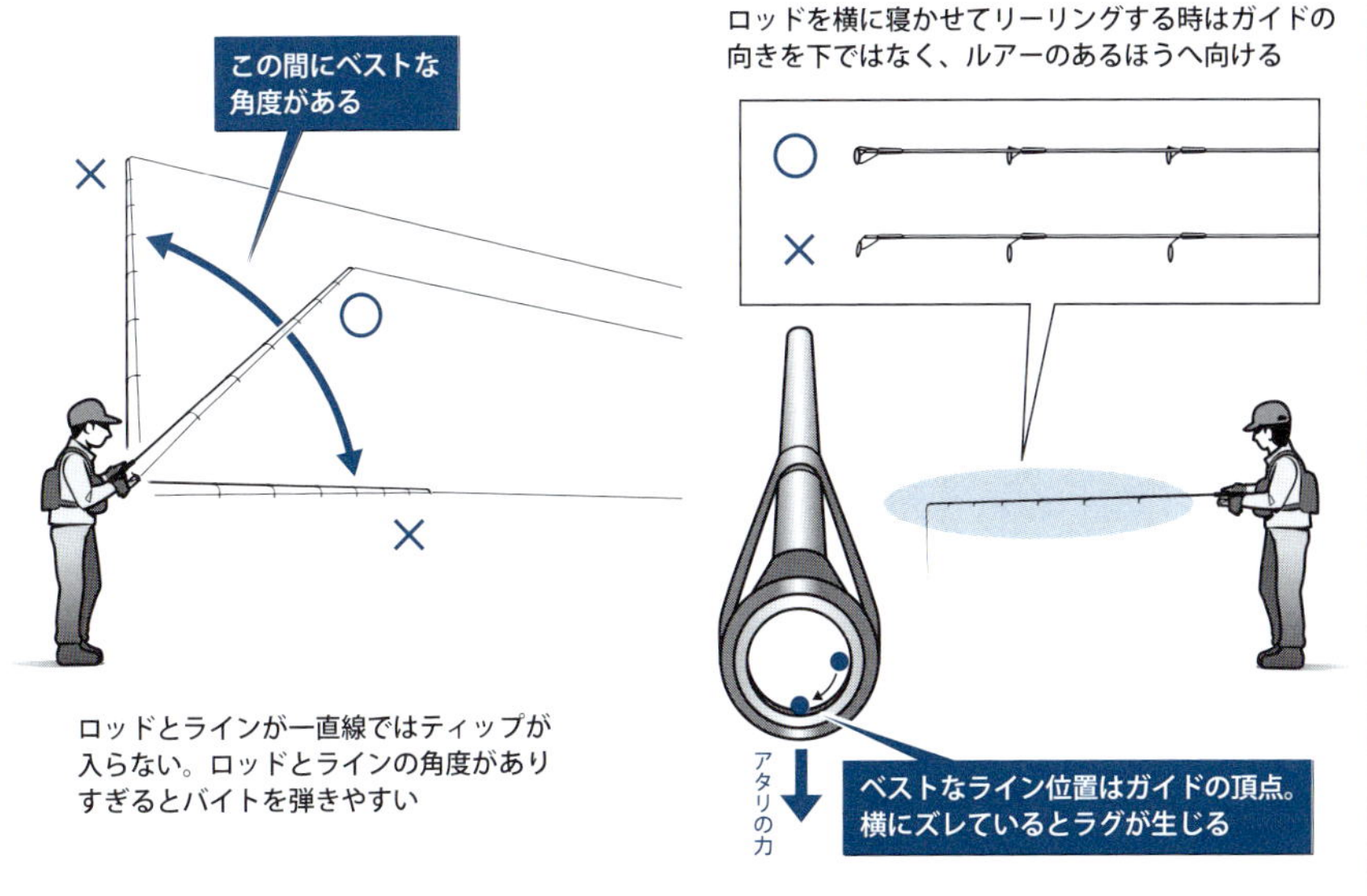
この間にベストな角度がある
ロッドを横に寝かせてリーリングする時はガイドの向きを下ではなく、ルアーのあるほうへ向ける
○
×
ロッドとラインが一直線ではティップが入らない。ロッドとラインの角度がありすぎるとバイトを弾きやすい
アタリの力
ベストなライン位置はガイドの頂点。横にズレているとラグが生じる

一定のままでリーリングしていては、せっかくのバイトをみすみす逃してしまっているのです。このことを意識するだけでヒット率は大きく上がるはずです。

さらに、ロッドの角度だけでなく、ガイドの向きも意識してもらいたいのです。バイトに対してティップが入りやすいのは、ガイドの頂点にラインがあって、そこにバイトによる負荷がかかった時です。よく見かけるのが、ロッドを横に寝かせてリーリングしているのに、ガイドの向きが下になっている状態。ラインはガイドの頂点ではなく、ルアーがある方向に引っ張られています。これではバイトが起きても最適なティップの入りが実現できません。

ガイドはルアーがある方向に向けているのが正しい。ほんのわずかなことですが、これで乗る・乗らないの差が出るのも事実です。

補足として、ベストの角度はティップが入ってそれが戻る力を最大限に発揮するところです。角度がつきすぎるとティップが入りすぎて戻る力が発揮されず、角度がないと入りにくくなります。特に最近のロッドはファストテーパーが多く、その点を意識しないと乗らないバイト、弾くバイトが多くなってしまいます。

リトリーブの軸・等速直線運動

シーバスフィッシングの基本リトリーブは、ただ巻きといわれます。これは基本でありながら実は最強のリトリーブです。その理由は、ただ巻きだからこそ、水中の変化を知り得ることができるからにほかなりません。

なぜ、ただ巻きだと水中の変化を知ることができるのかといえば、一定のスピードで引いてくる等速直線運動だからです。ここでいう水中の変化とは、流れの変化です。流れの変化は地形や潮の動き、水温などで起きますが、まさにその変化があるところこそベイトフィッシュが溜まる場所で、シーバスのバイトゾーンになります。

私の基本的な動きを例に挙げると、ポイントに着いて3回のキャストでこの流れの情報をつかみます。知りたいのは、流れの方向、強さ、変化の3つです。

まず、正面にキャストしてルアーをリトリーブしてきます。この1投で流れの方向を確認します。ここで流れが右からなのか、左からなのかを知ることができます。ルアーが右から帰ってくれば、流れは左から右と判断できます。次にダウン気味にキャストします。ダウンにキャストすることでルアーを流れに当てることになるので、流れの強さを確認します。そして、この2投目と同時か次の1投（3投目）で、その流れの中に強弱の変化がある場所を捜します。

これらの一連の情報を得るうえで、一定スピードの等速直線運動が重要になってくるのです。もうお分かりかと思いますが、巻くスピードが一定でなければ、流れの強弱が正確につかめません。そして、この一定のスピードからのイレギュラーな動きがシーバスのバイトを誘発するのです。

たとえば、流れの強いところから弱いところへ動けば、自然にルアーはイレギュラーな動きをします。これがバイトのきっかけになります。それを意図的に行なうのが、アクションを入れることです。食わせるためのさまざまなテクニックがありますが、その大前提が、ただ巻きによる等速直線運動であり、これが正確にできれば、状況を知る、シーバスを食わせることができる最強のリトリーブとなるのです。

3回のキャストで流れの情報をつかむ

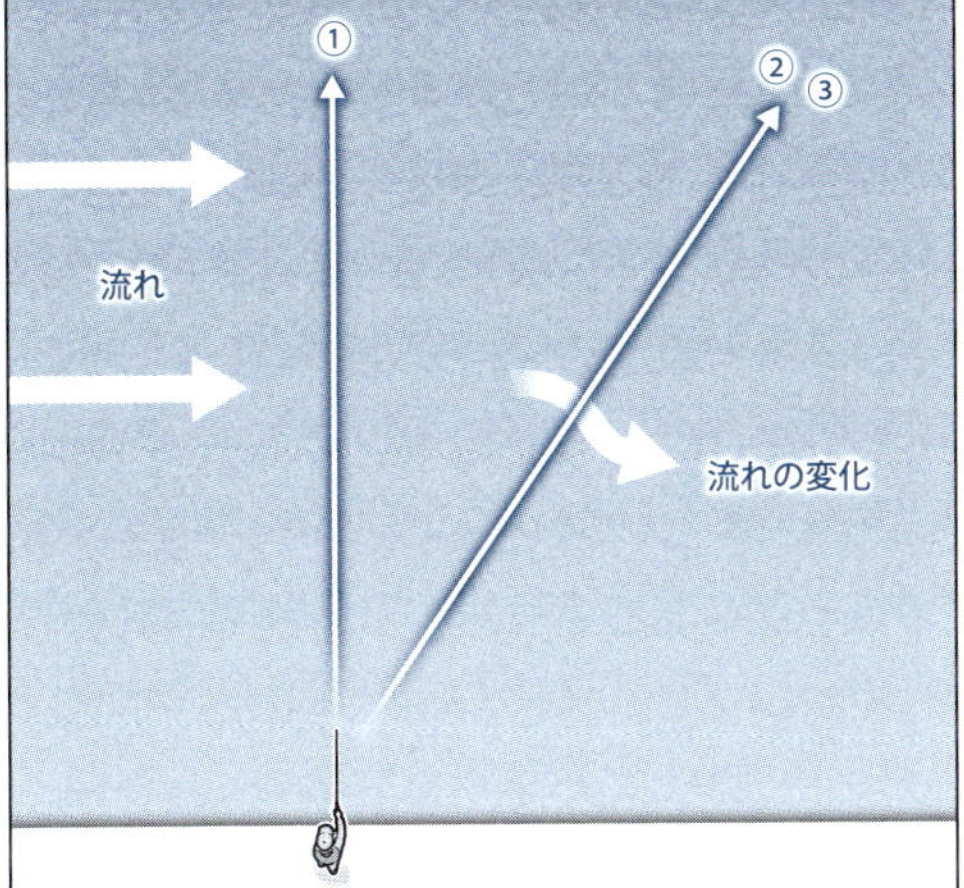

①正面にキャストし、巻いてくることで流れの向きを確認
②ダウンへキャストし、流れの強さを確認
③同じくダウンで、流れの変化するところを捜す

一定スピードのただ巻きで
釣り場の状況を探る

ただ巻きこそ基本にして最強のリトリーブ。その理由は等速直線運動にある

流れから攻略の糸口を見つける

　等速直線運動で流れを知ることがなぜ必要かといえば、前項でも触れましたが、この流れが変化しているところがシーバスのバイトゾーンになる可能性が極めて高いからです。しかしこれは時間経過で変わることもあるので、釣りをしながら絶えず流れを捜しているともいえます。

　流れの向きが分かると、シーバスの向きが分かります。捕食モードのシーバスは、流れに対して頭を向けてベイトフィッシュを待ち構えています。また、川では流れ落ちてくるものに反応し、海では逆に、流れに逆らって追い抜いていくものに反応します。

　川や水道などの流れが強い場所では、シーバスは流されてくるものに反応する習性がありますが、それほど強い流れが生まれない港湾や汽水湖などのオープンウオーターでは、逆に流れに乗って近づいてくるものは警戒します。わざわざ自分から食われに行くベイトフィッシュはいないということです。

　このことから基本的な攻略法が見えてきます。川などの流れが強い場所では、流れ落ちるベイトを演出するためにドリフトが基本。それほど流れが強くない海では、ダウン〜クロスにキャストしてルアーを巻いてくるのが基本です。シーバスの視界に入らない後方から追い抜くようにするとバイトが出やすくなります。これはテクトロでも同じことがいえます。堤防際をテクトロでねらう時は、潮上に向かって歩くことで流れに頭を向けて定位しているシーバスを追い抜くようにするのです。すると、確実にバイトは増えます。

　このように、流れに対する基本的なアプローチを知っているのとそうでないのとでは、大きな差があります。あとでも触れますが、自然な動きを演出するのがシーバスを釣るための近道です。前頁の流れをつかむ方法を例にとると、極端にいえば左側から右へ緩やかに流れている場合、自分の正面より左は無視してもよいことになります。もちろんアップクロスで釣れないわけではありませんが、このように考えることでキャスト方向の半分を捨てることができ、シーバスをヒットさせるまでの時間を大幅に短縮することが可能になります。

流れの強弱で変わる基本戦略

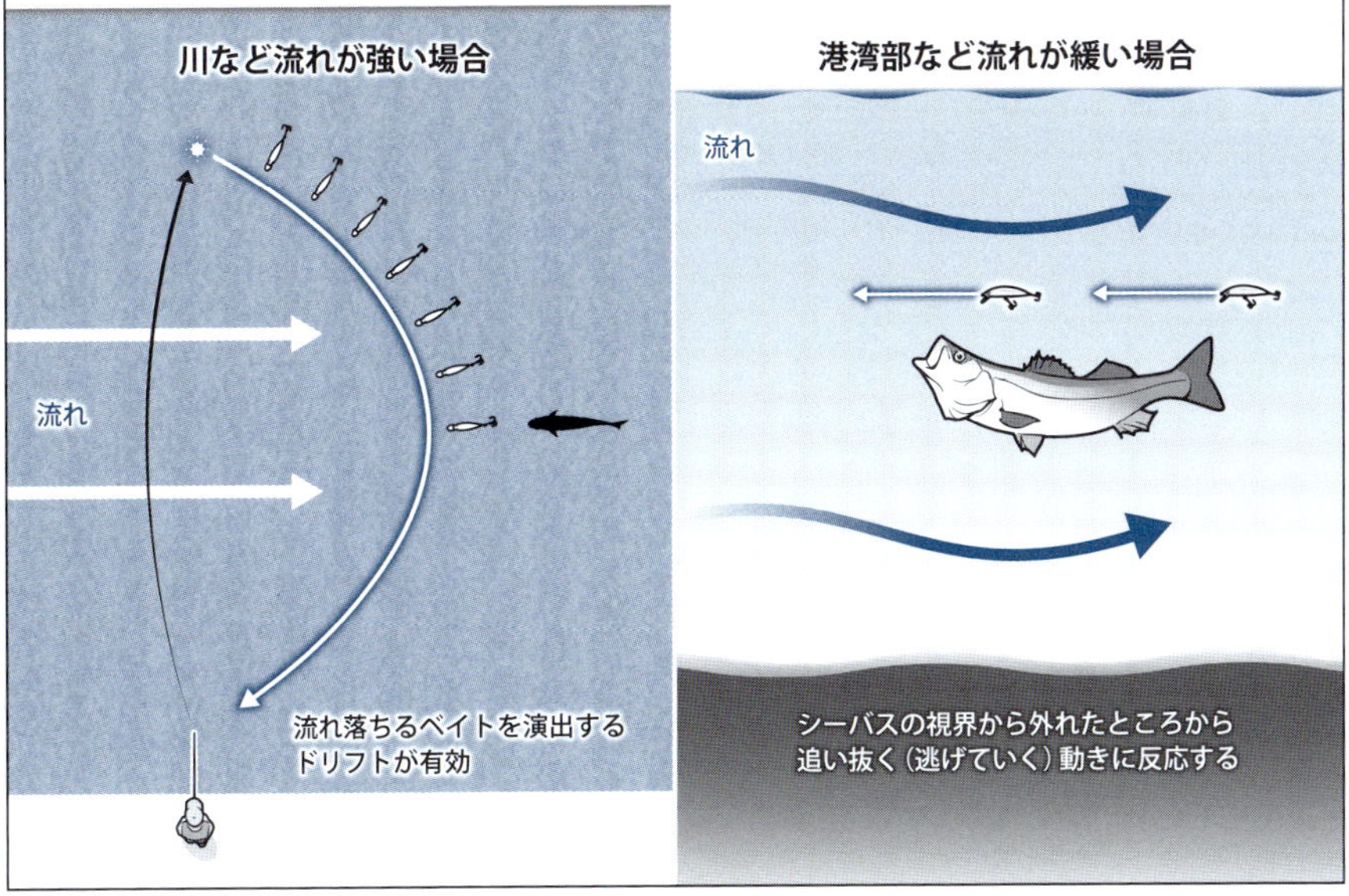
川など流れが強い場合
流れ
流れ落ちるベイトを演出する
ドリフトが有効
港湾部など流れが緩い場合
流れ
シーバスの視界から外れたところから
追い抜く（逃げていく）動きに反応する

潮目から、右手前から中央沖の突起物手前側に強い流れができていることが分かる。ここからは直接アプローチできないが、こんな流れが目の前にあると仮定したらどうねらう？

ラインスラックは感度を鈍らせ伝達力を損なう

流れなどの情報をより正確に知るために、一定速度のリトリーブがとても重要なのは分かってもらえたと思います。私はどんな釣り場に行っても、まずはこの基本的な考えに沿って釣りを組み立てています。そして、さらに手助けしてくれるのが細くて強度のあるPEラインの存在です。

PEラインの細さのメリットは、飛距離を出せること、そして感度がよい。これに加えて、ラインがたわみにくいことが挙げられます。キャストしたラインは想像以上に風や波などの影響を受けます。流れと風の向きが同じならまだしも、逆の場合は大変です。

たとえば、風が右から吹いていて、流れが左から来ている場合は、まずキャストしたラインは左へたわみます。もちろんラインスラックを取るのは当然ですが、それでも少なからずたわみは出ます。そして、ルアーが着水してから巻き始めると、流れに押されて今度はラインとルアーが右へと流れます。すると、ラインはS字にたわむことになります。このせいで感度が大幅に鈍り、水中の正確な情報を得ることが出来なくなります。

流れが強い時、水中のラインが押されると、これまた大きなたわみができます。これもよくありません。できればまっすぐ引いてこられるのがベストで、そのためにもラインスラックが出にくく、水切れがよい細いラインのほうが有効なのです。

糸電話を思い浮かべてほしいのですが、糸がピンと張った状態では話し声もスムーズに聞こえますが、張りを緩めると、とたんに声が聞こえなくなります。糸がたわむと伝達力がなくなるためですが、ルアー釣りもこれと一緒なのです。

また、ラインにスラックが出れば出るほどリールの巻き抵抗は大きくなり、ハンドルの回転が重くなります。こうなってしまうと、微細な流れの変化は感じ取ることができません。さらに、このラインのたわみはルアーの軌道を不自然なものとし、シーバスに違和感を与えてしまうということもあります。これでは食わせることも難しくなります。

シーバスフィッシングのメインラインとしてPE（右）がもたらしてくれるメリットは大きい。フロロカーボン（左）もショックリーダーには欠かせない素材だ

ラインスラックが出ることで、感度が鈍り、さらには思いどおりにルアーを引けなくなってシーバスからのバイトはどんどん得られなくなっていきます。

感度について加えて記すと、ロッドは軽ければ軽いほど感度は優れています。また、ローギヤのリールはパワーがあるので多少の変化でもそのままグリグリと巻けてしまうので、情報を得るのにはパワーの点では劣るハイギヤのほうが優位といえます。

ただ、ハイギヤもそれがすぎると今度は巻きが重くなりすぎてしまい、感度が鈍りだすので、選択するリールは適度なハイギヤがベターだといえるかもしれません。

細いライン、軽いロッド、適度なハイギヤのリールの組み合わせは、感度や水中からの情報を得られる点で優位に立つことができる

速巻き（デイゲームの全力巻き）のメカニズム

デイゲームで非常に有効な手段として認知されている速巻きですが、この「速い」という定義は人それぞれで明確ではありません。実際には、速巻きと一般的に思われている以上に相当速いスピードで巻いてもシーバスはルアーを追い、そして食ってきます。分かりやすくいえば、全力でリールを巻いても、それ以上のスピードでシーバスはルアーを追ってくるということです。

もちろん、ずっと全力で巻いていてはシーバスも食ってきませんが、グリグリグリッと全力で巻き、瞬間的にストップして食わせの間を入れたりするとそのタイミングでドン！　と食ってきます。ルアーが大きく派手にバタバタとアクションをするので、水中ではよほど目立っているのでしょう。狂ったように逃げ惑うベイトフィッシュを演出することができ、強烈なアピールとなっているようです。

全力巻きはシーバスにとって非常に効果的なパターンですが、実際にやっている人はまだまだ少ないことから、新しい食わせのテクニックとして有効といえます。ただ、この釣り方の弱点は流れの変化がつかめないことです。全力で巻き続けている間は水中の変化を把握することが出来ません。ですからこのテクニックは要所要所でエッセンス的に取り入れるのがベターでしょう。

全力巻きは表層からボトムまですべてのレンジで有効なテクニックですが、最も威力を発揮するのは表層付近です。キャストして着水直後から全力で巻き、時折りストップを入れると、ひったくっていくようにガツンとバイトが出る。このケースが一番多いように思います。明確な理由は分かりませんが、シーバスは平行方向に動くものに対して反応しやすいので、そこに合っているのは間違いないでしょう。

それから、デイゲームの本質の話にもつながりますが、シーバスは光るものにとても反応する魚です。デイゲームのルアーカラーはメッキやホロ系が主体で、クリアやパール系はあまり使いません。つまり、フラッシングがシーバスにはかなり効果的なアピールとなるわけですから、速巻きはその効果をより生み出す手段として有効であり、全力巻きはそのアピールを強めたパターンなのです。さらにこれが表層で利くのは、光を取り込むことでアピールがより強まっているからです。

あまり速くは巻かないと思われるシーバスフィッシングですが、デイゲームが確立されてからは、速巻きは必要な常套手段です。みなさんが思う以上に速く巻いても問題はないし、釣れない時こそ、速く巻いたほうがよい時もあるということは覚えておいてほしいですね。

全力巻きはレンジを問わず効果的だが、
特に表層直下で威力を発揮する

夜はスローを徹底せよ

ナイトゲームの基本はスローリトリーブです。これはルアーをゆっくり泳がせることで、シーバスに気づかせるというねらいがあります。先に巻きスピードの項で触れましたが、ルアーが泳ぐ限界のスローが基本です。

スローリトリーブのメリットは、でかいサイズが釣れやすいことです。話が前後しますが、全力巻きで釣れるシーバスは60㎝くらいまでで、いわゆるセイゴ～ハネクラスが中心。速いスピードに反応するシーバスは若い魚が多く、逆に70㎝以上のランカークラスは、スローで釣れることが圧倒的に多いのです。

特に気をつけたいのは、油断するとついリトリーブが速くなっていることです。早く釣りたいと焦ったり、隣や並びの人ばかり釣れている時に陥りやすい。釣れない時こそスローを意識してください。そんなことと思うかもしれませんが、スローに巻き続けるのは思った以上に難しいものです。釣れない時はリトリーブスピードが速くなっていることが大半ですから、今一度強く意識することをオススメします。ですが、ルアーが泳がないのはダメです。ルアーが泳ぐ限界のスローがポイントなので、明るいところがあればそこで確認したほうがよいですし、初めて使うルアーをいきなりナイトゲームで投入するのはなるべく避けてもらいたいですね。

このスピードは実はシビアで、何かの理由でリールを替えたら釣れたという例があります。同じ巻きスピードでも、リールの巻き上げ量が違うため自然とルアーが泳ぐスピードが変化したのがその理由。逆に使い慣れたリールを替えたら釣れなくなることもあります。これも同じ理由で、同じスピードで巻いていたにもかかわらず、実際のルアーのスピードが変わっていたというわけです。

自分のテンポに合ったリールを見つけておくことも大事です。繰り返しますが、ゆっくり巻くのは想像以上に難しい。私はスローを前提にするナイトゲーム、特にバチ抜けパターンではローギヤのリールを意図的にチョイスすることもあります。また、一定に巻くとはいっても、どうしてもハンドルを下ろす時のほうが速くなりがち。上手くできない人はダブルハンドルを使うのも一手です。

ナイトゲームのスローリトリーブは大型が食ってくることが多い

夜は「常にスロー」を徹底して意識し続けること

リーリングでできるアクション

ルアーを動かしてシーバスによりアピールする、食わせるためにアクションを入れたりします。よく行なわれるのがジャークやトゥイッチ、リフト&フォールなどです。これらは主にロッド操作で行ないますが、リーリングで出来るものもあります。代表的なのがストップ&ゴー。リトリーブ中にリーリングを止めて、食わせるための間を作ります。また、ほかにも巻き速度に変化をつけるなど、リーリングだけでもシーバスに口を使わせる方法があります。

私がよく使うのが、通称「カックン巻き」です。スムーズなリーリングだけでなく、あえてリールのハンドルをカックン、カックンという感じで不規則に巻きます。こうするとトゥイッチを入れたのと同じ効果が得られます。よく初心者でリールを一定速度で巻けない人がいますが、逆にそれが効果的なアクションを生むことがあります。これを意図的に行なっているのです。

ちなみに、こういったアクションを入れるのはシーバスがいるであろう、ここぞというところでのみです。ルアーを着水させてからずっと何かしらのアクションを入れ続けるのではなく、シーバスがそこにいるだろうというところでやるのが効果的です。たとえば70ｍキャストしたとします。そこからリトリーブしてくる間に、ストップ&ゴーなら多くても4回、それも「しっかりとルアーを追わせてから食わせる」という意識でかなり集中して行ないます。また、1回のキャストで1回しか入れてはいけないシビアな時もあります。ストップ&ゴーでも、何度も同じ動きを見せてしまうとそのアクション自体にスレてしまうからです。

こう書くとあまりやらないほうがいいのかな？　と思われがちですが、ポイントさえ間違わなければもっと積極的にリトリーブには変化をつけたほうがよいと考えています。実際、ただ巻きで食ってくる魚ばかりではありません。リアクションバイトとの比率は半々くらいです。近年はアングラーの増加でプレッシャーが掛かっている場面も多く、リアクションでなければ口を使ってくれないことも多々あります。すべては使い所ひとつなのです。

ルアーで食わせるためには効果的な
アクションも必要になる

どのタイミングでどんな
アクションを入れるの
か、それが問題だ

COLUMN 初めてのシーバス

私の釣り歴に軽く触れると、ルアーフィッシングがメインになったのは小学校低学年から。ターゲットは、やっぱりブラックバスで、東播・加古川周辺の野池などによく通っていました。

中学生になるとさらに釣りにのめり込み、そのころ通っていたプロショップで、「海でもルアーを使うとスズキが釣れるらしい」という話を耳にします。近所の港でも釣れるというので、ラパラやレッドフィンを2~3個持ち、ストレーンを巻いた6ftのバスタックルで昼間にやってみたのです。今思えば、釣れるのがデイなのかナイトなのかも分かっていませんでした。この時は当然ながら釣れません。そのあともバスと並行して、バイブやミノーを使って、気持ちだけはシーバス、実際はタチウオなんかを釣っていました。

そんな釣りを友だちと2人でしていたある日、違う魚が掛かった。すぐにバレたけれど、それが「スズキ」だと分かりました。なぜって、ジャンプしたから。そして運のいいことに、そのあとすぐに1尾釣れたのです！　確か25cmくらいでしたが……。それでも、もうれしくてうれしくて……手がすごく震えたことを今でも覚えています。クーラーを持っていなかったので、ビニール袋に生きたまま入れて、自転車で全速力で自宅に戻って冷蔵庫に入れました。

そのあとすぐ釣り場に取って返すと、もっとすごいことが起こりました。その日だけで、最大65cmを含めて2人で4~5尾のシーバスが釣れたのです。フックは、あのブロンズフックです。アタリは釣果の10倍はありました。もう、テンションはマックス。金山でも掘り当てたらあんな感じなのかな？　くらいです。なにせ、その場所は自宅から10分くらいで、子供の頃からエサで魚を釣ってきた河口でしたから。当時、バスの日本記録が62cmでした。それより大きな魚をルアーで、「こんな身近な場所で釣れる」ことに興奮したのです。

今思い返すと、狭い水路にシーバスがベイトを追い込んでいる絶好のチャンスにぶつかったんですね。釣れたルアーはラパラ「CD9」ブルーバックでした。

それからは、もうバスはそっちのけで、時間のある限り河口に通いまくり

ひとりでも多くの人に「あの日の感動」を届けたい。
その思いはいつまでも変わらない

ました。ただ、その頃はシーバスの認知度が低くて友だちを誘ってもなかなか来てくれなかった。たぶん、「そんな魚、面白いの？」って、ピンとこなかったんじゃないでしょうか。

その頃は小遣いも乏しく、20歳くらいになっても当時の流行ルアー「K-TEN」や「ザ・ファースト」は、月に1個しか買えなかった。「CD9」なんか、テールが潰れたら補修して7㎝くらいになっても使っていました。あれのすごいところはそれでも釣れる（笑）。「K-TEN」は「ザ・ファースト」よりも釣れたけれど、ぶつけるとリップが欠けるのが切なかったです。

そんなわけで、私はルアーに対する思い入れは人一倍あります。「なんやコレは!?」っていうルアーもたくさん経験しました。だから、自分では「絶対釣れるものじゃないと出さない」と心に決めています。あの日のような感動を、もっともっと多くの人に届けるのが、今の私の仕事です。

3章　動く・動かす

Move

「動く・動かす」と聞けば、ルアーのアクションや操作を思い浮かべると思います。もちろんシーバスを釣るうえでルアーの選択は重要です。それをどう操るかで釣果に差がでます。しかし、そのことばかりに目が行きがちになっていませんか。

ルアーを動かす以前にアングラーはまず、釣れるポイント、ポジションにいなければなりません。そこで状況を読み、アングラー自身が動くことも非常に重要です。当然、潮も動きます。つまり状況は変化するもの。それに合わせて動くことを意識してください。

ルアーはアングラーの操り人形

疑似餌であるルアーを、いかに本物のベイトフィッシュと思わせて魚に口を使わせるのかが、ルアーフィッシングの命題です。これは代表的なルアーフィッシングであるバスフィッシングもシーバスフィッシングも同じです。しかし、そのアプローチは大きく違います。

ブラックバスは食性だけでなく、目の前の異物に対しても反応しますが、シーバスは自然になじんだもの、本物のベイトフィッシュと同化させないとバイトは得られません。実際のエサと似つかわしくないもの、たとえばビッグバドやジッターバグなどのルアーでは、シーバスを釣ることは絶対に無理だとはいいませんが、かなり難しいのです。ここが根本的に大きく違います。

前項の「投げる」で解説した等速直線運動や、流れに対してのルアーの向きなどは、まさにこのための作業なのです。つまり、水中のベイトフィッシュがしているであろうごく自然で無警戒な泳ぎ、これが等速直線運動なのです。この動きが一番ナチュラルで、自然環境に同化している動きです。

ダウンの速巻きがあまり釣れない理由は、流れに対して速いスピードでグイグイ泳ぐ小魚が存在しないからにほかなりません。たとえばコンサートが終わった時、みんなが出口の方向へ同じ流れで動きます。この時、ひとり逆方向に動けば、明らかに怪しいわけです。そんな怪しい動きをするものにシーバスは安易に興味で飛びついたりはしないのです。

マッチ・ザ・ベイトという言葉があります。エサとなる小魚にルアーを合わせることを差すのですが、それはサイズ、カラー、アクション、スピード、レンジ、泳ぐ方向のすべてが揃った時、偽物が本物になる。自然と同化してシーバスが一番食ってくれる条件を揃えられたことになります。これらのどれかが欠ければ欠けるほど、釣るのが難しくなるのです。そして、それを演出するのはアングラーの役目です。

私はこういう理由でルアーを操り人形としてとらえています。サイズ、カラー、アクションまでは考えている人は多いですが、泳ぐ方向まで意識している人は少ないでしょう。しかし、環境と喧嘩しないようにするのがシーバスフィッシングでは最強なのです。したがって、ここまで意識するのはごく普通のことであり、必要なことなのです。

サイズ、カラー、アクションは釣れるルアーを持っていても、その先、それをどう操るかはアングラー次第だということです。こういう意識を持って現場でアプローチすれば、もっともっとシーバスに近づけるはずです。

シーバスがルアーをベイトと意識して食ってくるかどうかは、アングラーにかかっている

リアクションバイトの真実

前頁でいかにルアーをナチュラルに見せるかを述べましたが、それだけではまだ半分といえます。残りはリアクションバイトになります。

リアクションバイトとは、何らかのアクションに反応したシーバスが文字どおり反射でルアーを食ってくることを意味しますが、これもどうしても必要なことです。リアクションというと、何か特別な動きで食わせるというイメージを持つ方もいるかもしれませんが、あくまでも自然な動きの延長上に存在していると考えてください。

メタルジグを高速で操ってバイトを誘うという、リアクションの釣りの最たるメソッド・岸壁ジギングでも、潮上から潮下へルアーを落とすのは鉄則です。ダートなども同じです。これもできるだけナチュラルに、を意識すれば当然のこと。考えてみてください。流れに逆らうように落ちてくる弱ったベイトなど自然界には存在しません。そんな不自然な動きをする物体が近づいてきたらシーバスも警戒するか、驚いて逃げてしまうでしょう。

このように、リアクションの釣りといってもナチュラルさは必ず意識しているのです。

トゥイッチで釣れるといっても、ずっとトゥイッチし続けることはしません。これも同じ理由です。そんな動きをしているベイトはいませんからね。等速直線運動という一番ナチュラルな動きの中で、突如不規則な動きが出るからこそのリアクションバイトなのです。ですから、トゥイッチやジャークなどは一撃必釣の技ととらえ、シーバスがいるだろうと思われる「ここぞ」で使うテクニックなのです。

ちなみに、リアクションでルアーを食ってくる魚は等速直線運動で食わせた魚よりもサイズが小さくなる傾向があります。このことからも一番ナチュラルな動きがやはり最強の食わせだということが分かると思います。

また、リアクションは、周りが釣れている、アタリがあったけど乗らなかったなど、魚がいることが分かっている時に繰り出すテクです。魚を捜している段階では無意味どころか、ポイントに余計なプレッシャーを与えてしまうので、闇雲にやらないほうがよいのです。

リアクションバイトには使い
どころがある。そして、あく
までも自然な動きの延長上に
存在していると考えるといい

ベイトを捜して自分が動く（ポジションの選択）

私は自分で動いてポイントを捜すほうだと思います。動く基準は、ずばりベイトフィッシュの存在です。シーバスフィッシングにおいて、ベイトの有無は最大のファクターで、シーバスの活性のベクトルはこのベイトの存在如何によって決まるといっても過言ではありません。大げさにいえば、潮がどうのとか、時間帯がどうのとかは二の次です。つまり、ベイトを捜す作業がポイント選択の基本であり、原点なのです。

では、ベイトがどこにいるかといえば、潮が動いているところや流れがあるところですから、それを捜します。実はその時、私が何よりも意識していることがあります。それは風の存在です。

シーバスフィッシングは、毎年変わらないシーズナルパターン（季節的な魚の動向）で大まかな釣行エリアは決まってきます。時期的なベイトの種類や、ポイントの潮位などで釣行時間もおのずと決まってくるものです。そして、いざ現場に立った時に重要になってくるのが、風なのです。つねに風を意識して、どこをねらうかポジショニング（立ち位置）を考えるのです。

なぜかというと、実はベイトは風次第だからです。風が吹けばベイトは流されます。水中にいるベイトでも風で流されるのです。さっきまでいたベイトがいなくなったとすれば、それはまずは風を疑うことです。この項ではベイトは風にとても弱いということを頭に入れておいてください。

繰り返しますがベイトを捜すのがシーバスフィッシングの根幹です。そこでアングラーは風によってベイトが集められる場所を捜せばよい、それを予測してポジションを決めればよいということになります。

たとえば川の場合、右岸も左岸もよく釣れるポイントがあるとします。そこで風が右岸側へ吹いていれば、間違いなく右岸へ入ります。もし右岸しか釣れないようなポイントで、風が左岸へ吹いているようなら、その日は釣れない日、そのポイントを捨てるくらいの判断でよいと思います。この傾向は、大きな川、河口になればより顕著に表われます。

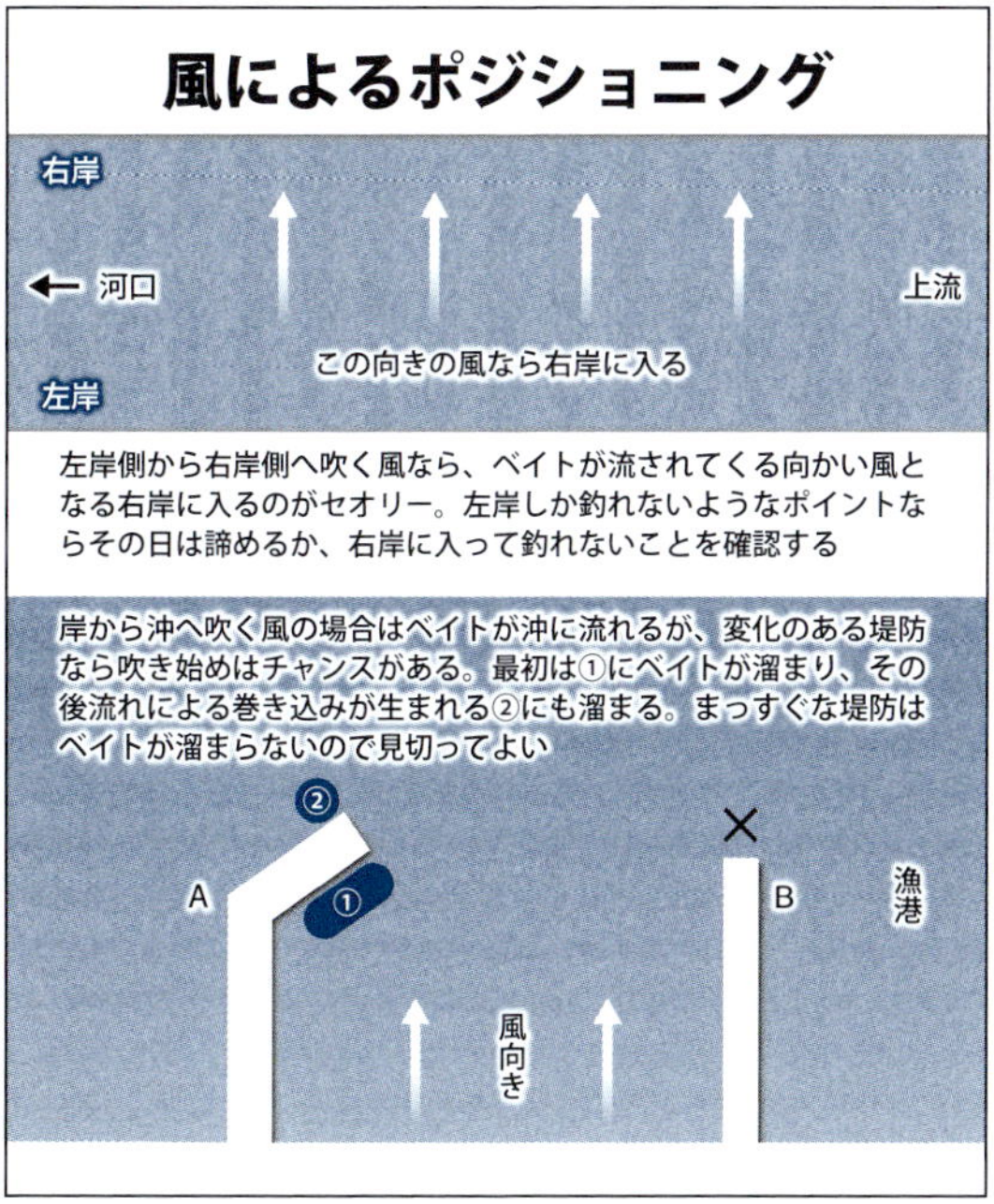
風によるポジショニング
右岸
河口
上流
左岸
この向きの風なら右岸に入る
左岸側から右岸側へ吹く風なら、ベイトが流されてくる向かい風となる右岸に入るのがセオリー。左岸しか釣れないようなポイントならその日は諦めるか、右岸に入って釣れないことを確認する
岸から沖へ吹く風の場合はベイトが沖に流れるが、変化のある堤防なら吹き始めはチャンスがある。最初は①にベイトが溜まり、その後流れによる巻き込みが生まれる②にも溜まる。まっすぐな堤防はベイトが溜まらないので見切ってよい
②
①
A
B
×
漁港
風向き

　また、ノーチャンスと思われがちな岸から沖に吹く風でも、場所によっては短い間ですがチャンスはあります。イラストを見てもらうと、まっすぐではなく曲がった堤防Aでは、吹き始めは①に位置にベイトが溜まるので、ここへ移動するべきです。それから次第に外へ流れ出しますが、巻き込みが生まれる②もチャンスはあります。まっすぐな堤防Bはベイトが流されるので、ほぼノーチャンスと考えて、堤防Aの①と②にねらいを絞ればよいのです。

　こういうことを考えると、おのずと釣れるポジションは決まってくるものです。どうしてその立ち位置なのかと問われれば、「風を読んで決めている」というのが私の答えです。

　また、予報の風向きと現場の風向きは違うこともあります。ですから現場へ行って自分で確認することが大切です。風が巻いていて、おいしいポイントがあるかもしれませんし、逆に本当にダメかもしれません。それもひとつの経験として自分のものにしていけばよいのです。

釣り場の形状と風の組み合わせでベイトを捜す。これはシーバスフィッシングの根幹だ

潮位はタイドグラフどおりに動かない

前頁で風の重要性に触れましたが、この風の影響で起こる現象も覚えておいてほしいのです。それは、風の力が潮の力に勝ることもあるということ。すなわち、状況によってはタイドグラフどおりの潮の動きが実際の現場で起きないということになるのです。

たとえば河口で釣りをしていて、海からの風が強い時には、タイドグラフどおりには潮は下がりません。イラスト①のように下がって・止まって・下がって・止まって……を繰り返す時もあれば、②のようになかなか下げずにいて突然一気に下がることもあります。あるいは、③のように下がりきらずに上げてしまうことも実際には起こり得ます。

こういう状況で、「ここは下げがいいんだよな」といっても、肝心のその下げが来なければ時合にはなりません。②の場合では下げが利く最後の時間帯のみがチャンスになります。このように、現場の潮位はタイドグラフと同じように、必ずしもなだらかな動きをするのではないということをもっと知っておくべきだと思います。

潮が動く時はシーバスを釣るチャンスですから、そのチャンスタイムがどう起きるのか、どう訪れるのかは、案外重要なことなのです。

これは私が実際に体験していることですが、潮に影響されていないはずの川のかなり上流部で釣りをしていて、なぜだか決まった時間に流れが速くなるポイントがありました。潮は関係なく、上流のダムから放水があったわけでもなく、どういうわけか、毎日決まった時間に流れが少しだけ速くなるのです。このタイミングは完全に時合になります。

これは極端な話かもしれませんが、それくらい水が動くことは重要視しなければいけないファクターです。そして多かれ少なかれ、気づかないレベルかもしれませんが、このようなことは海でも常に起きているのです。

シーバスアングラーの多くがタイドグラフを気にします。ところが、実際の現場では、繰り返していいますがその目安となるタイドグラフどおりに潮が動かないことも多いのです。タイドグラフはあくまで平均値でしかありません。それを鵜呑《うの》みにしないで、自分自身で感じ取ることが必要になってくるのです。

私も長いこと、潮はタイドグラフどおりに動くと思っていました。そのとおりにならない時は、タイドグラフが間違っているのではないかと疑ったくらいです。

また、これは補足ですが、潮が動いてない目安として、「ボラジャンプ」があります。潮が流れている時はボラはあまりジャンプはしません。だいたいは流れが緩くなってきたらジャンプが増え始めるのです。こういうことも、潮が動いているかどうかの目安になりますから、覚えておくと役に立つでしょう。

現場の潮の動きが読めると、釣れるタイミング、止め時など、見えてくるものが増えてくるので、知っておいて損はないと思います。

タイドグラフと実際の潮位は違う

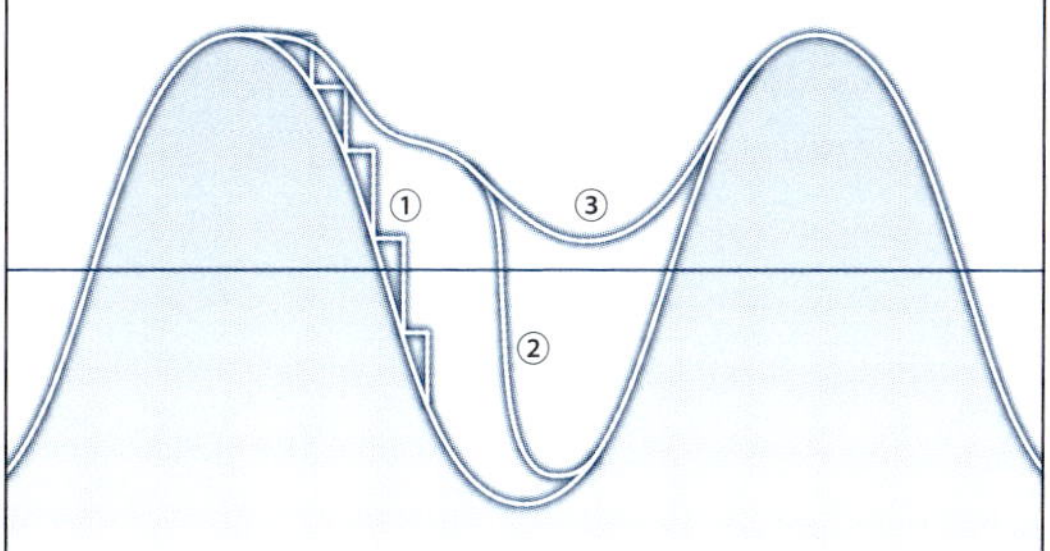

風の影響により、①のように下がって・止まって・下がって・止まってを繰り返す時もあれば、②のようになかなか下げずにいて突然、一気に下がることもある。また、③のように下がりきらずに上げてしまうこともある。風の強い日は、タイドグラフはあくまで目安。実際の潮の動きは現場で感じ取るものだ

釣り場ではさまざまな要素からタイドグラフどおりに潮位が動くとは限らない。そのことを理解したうえで、水の動きに注目して釣りを組み立てたい

COLUMN　神戸の釣りは全国区

海のルアーを始めて、まあまあ格好がついてきた頃は、今思うと浅はかでしたが、「もう、新しいことは見つからない！　神戸の海はやりきった」と思い、ほかの地域の海に行くことばかり考えていました。

いくつかのメーカーさんからサポートも受けるようになって、自分の釣りにも自信がついてきた。平日は地元だけど、週末には必ず車で500〜600km走って地方の釣りを経験していました。ともかく、自分の知らない海で釣ってみたくて、外へ、外へと目を向けていました。

もちろんこういう経験は今の自分にとっても必要なものだったし、友だちもたくさんできて、それが自分の財産になっています。

そんな頃、雑誌の企画で小沼正弥さんと初めて東京湾の横浜沖堤で対決する機会がありました。私の手元には完成目前の「PB-30パワーブレード」がありました。確か、一番厳しいといわれる2月だったと思います。小沼さんから、その難しさをさんざん聞いていた東京湾だけに身が引き締まる思いでした。

全力で釣りました。それで、自分の作ったルアーがすごく釣れて結果が出たのですが、この時「あっ！」と気がつきました。東京湾も神戸も一緒だってことに！

考えてみたら、1年を通じて安定的にシーバスが釣れるところって、東京湾、大阪湾、伊勢湾、博多湾と、みんな大都市の川があるベイエリアで、干満差も最大2m前後です。ほかの地域は、春はいいけど秋はダメとか、逆に秋しか釣れないとか、すごく季節が限定されるエリアが多い。この小沼さんとの対決を通じて、ホームの海にすごく自信が持てました。

だから、コアマンの開発は、今はほとんど神戸でしかやっていません。地元の神戸でしっかり結果を出せるものを作れば、必ず全国で通用する。そういうモノ創りをやってみると、どんどん新しいテーマが見つかって、地元の釣りを見る目が完全に変わりました。そのことには絶対の自信があるし、今もこれからも変わらない自分の信念になりました。私のシーバスゲームは、この頃から別のステージに入ったのかもしれません。

神戸のシーバスゲームは全国のフィールドに繋がっている！

4章 合わせる・寄せる・掬う

Fight

この章は、シーバスをヒットさせてランディングするまでを取り上げています。バイトがあるまではシビアに挑んでいるのに、そこで無意識に満足してしまうのか、フッキング、ファイト、ランディングという一連の流れに軽率な人が多いと感じています。シーバスをキャッチすることを目的とすれば、この部分こそもっと気を遣うべきなのです。

シーバスをキャッチするために、情報を集め、ポイントに立ち、試行錯誤してとらえたせっかくのヒットです。それを確実にキャッチできてこそ完結するのがシーバスゲームではないでしょうか。

アワセの強さと追いアワセのタイミング

　通常の場合、魚がバイトし、手元にコツンとしたアタリがあって合わせますが、そのアワセが強すぎる人が非常に多いです。バスフィッシングの影響もあるのかもしれませんが、鬼アワセ、電撃アワセのようなロッドを大きくあおるアワセ方は、シーバスでは必要ありません。それどころか、どちらかといえばマイナスです。

　ブラックバスに比べてシーバスの口は軟らかく、またバスのようにボート上ではなく足元がしっかりしたショアからの釣りであまりにアワセがきついと、口切れする可能性があります。さらに、近年のロッドはファストテーパーで硬めのタイプが多く、より強いアワセはバイトを弾いたりもしやすいのです。

　極端に強いアワセが必要でなくなったのは、フックの進化の影響が大です。刺さりと強度が向上した製品が増えたことで、より細軸のものが使用可能になりました。アワセの強弱はフックの太さに合わせるのが基本ですから、細いフックを使うようになった現在では、それほど強いアワセが必要でなくなったわけです。

　よく、フックが伸びたせいでバレたという話がありますが、しっかりフッキングしていてファイト中にフックがジワジワと伸びることは、まずあり得ません。フックが伸びるのは、アワセが強かったためか、きっちりフッキングしていない状態で無意味な追いアワセをしたからなのです。

　フッキングの原理は、クギ打ちと同じと考えてください。クギを打つ時、いきなり渾身《こんしん》の力でカナヅチを叩くことはしませんよね？　トントントンと軽く打ち込んでまっすぐ入るようにしてから今度は強く打ち込みます。フッキングもまさにこれです。アタリがあっていきなり渾身の力で合わせては、フックポイントがしっかり入らずにバレたり、掛かり方が悪くてフックを曲げてしまうことになります。私の場合は、アタリがあったら6〜7割の力でスイープに合わせます。その状態でファイトを始め、ファイト中に追いアワセを入れることで、完璧なフッキングを実現しています。

　そして、この追いアワセを入れるタイミングが非常に

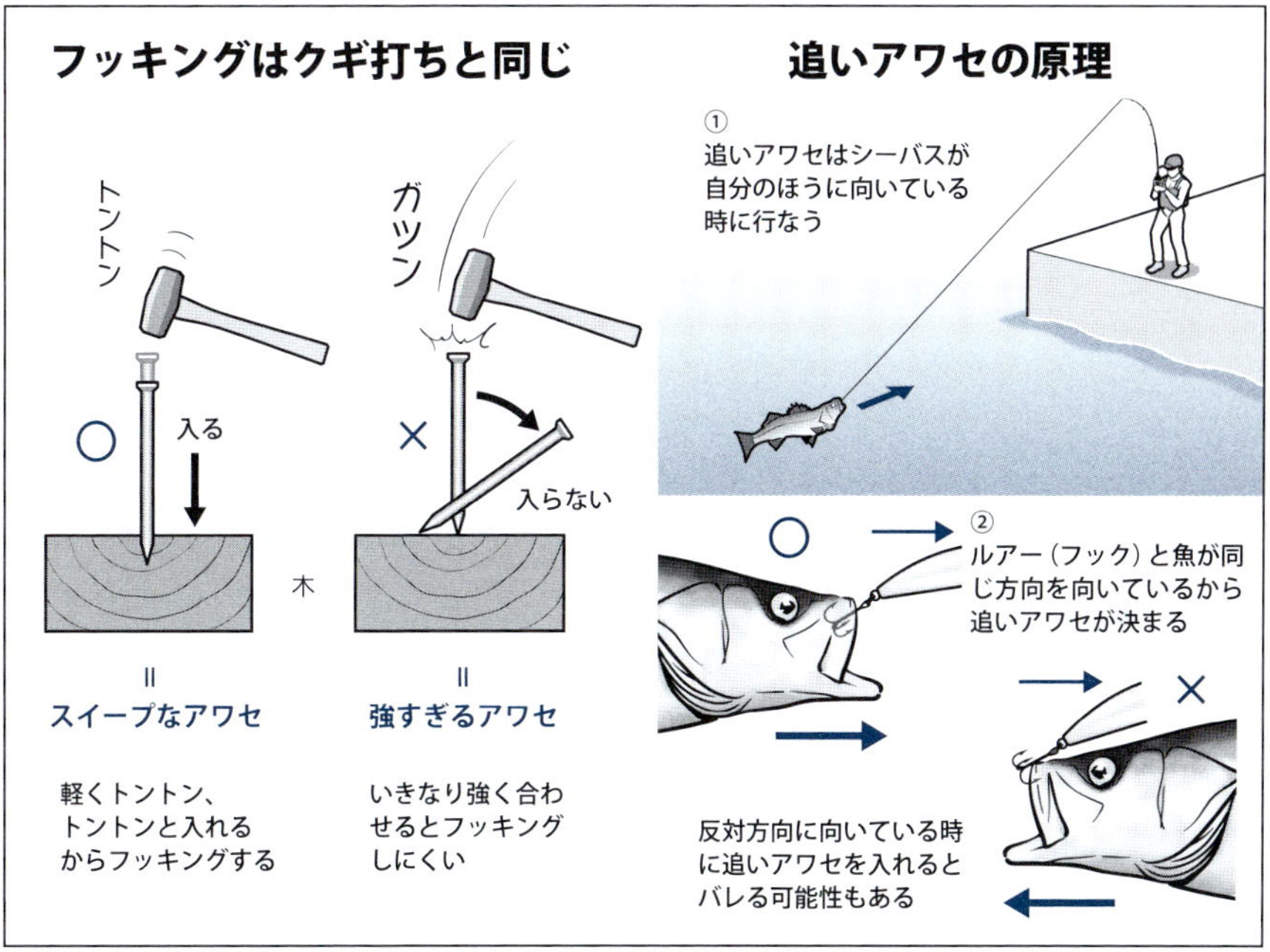
フッキングはクギ打ちと同じ
トントン
ガツン
○
入る
×
入らない
木
＝
スイープなアワセ
＝
強すぎるアワセ
軽くトントン、
トントンと入れる
からフッキングする
いきなり強く合わ
せるとフッキング
しにくい
追いアワセの原理
①
追いアワセはシーバスが
自分のほうに向いている
時に行なう
○
②
ルアー（フック）と魚が同
じ方向を向いているから
追いアワセが決まる
×
反対方向に向いている時
に追いアワセを入れると
バレる可能性もある

重要です。みなさんは何となく追いアワセを入れていませんか？　感覚的に掛かりが浅そうだとか、とりあえずバラしたくないとか、根拠のない追いアワセをしていませんか？

追いアワセを入れるタイミングは、魚が自分のほうに向いている時です。ファイト中に必ずスーッとこちらに寄ってくる時があります。この時に入れるのです。暴れている時、グングンと沖や横に走っている時に入れてはダメです。逆にバラシにつながる可能性もあります。

シーバスという魚の口の特徴、釣り人の足元、使用しているロッド……さまざまな要素がフッキングに絡んでくる

ショートバイトは言い訳

ショートバイトという言葉があります。多くの場合、小さいバイト、浅いバイト、弱いバイトという意味で使われていると思います。

活性が低い時や潮の条件が悪い時など、確かにバイトが小さい時はあります。しかしこの言葉に依存するというか、バイトがあって乗らなかった理由をショートバイトという言葉で片付けている、すべてをこのせいにしているように感じます。つまり、食えなかったシーバスが悪いという発想です。

よく考えてみてください。どんな形でもバイトがあったのなら、ルアーを食いにきた証拠なのです。それがヒットにつながらなかったのには何かしら理由があります。その理由を考え、克服して次は食わせるのが釣りという行為なのに、考えることをせず、ショートバイトという魔法の言葉で言い訳をしている人が多い。今日はアタリが5回あったのにショートバイトで乗らない、などというのはまさに言い訳でしかありません。5回も当たれば、活性は低くないはずですから。

ショートバイトを取る、あるいは減らす最大のコツはフックです。いまだに錆びたフックをそのまま使っている人がいたり、太いフックを使っている人も多く見かけます。その場合、フックを新品と交換するだけで、かなりヒット率は変わってきます。

私はバイトがあって乗らない時は、まずフックを交換します。フックそのものを交換できない時は、フックの向きを変えてフックポイントの位置を変えます。また、数が釣れている時、だんだんと乗りが悪くなってきたところでフックを交換すると、一発で乗ってきます。これはフックの重要性を証明する間違いない事実なのです。

フックのフレッシュさは、さらにバイトの数も増やします。フックポイントが立っていればこそ、魚に引っ掛かりバイトとして釣り人が感じ取れる。活性が低い時などは、フックが甘いせいでバイトが感じ取れないこともあるのです。70m先でアタリがあっても感じ取れないでしょう。でも、フックが引っ掛かればテンションが生まれ、それがバイトとして感じ取れます。それだけフックポイントは重要なことです。

冬場で活性が低くショートバイトだったとします。そんな時には活性に合わせてスローに巻くなど、アジャストする手があるのですから、ショートバイトという言葉で逃げないでください。食わせるにはどうしたらよいかを考えることが大事なのです。また、ロッドの調子というのもあります。吸い込みの弱い時は、小さなアタリに追従するようなティップの軟らかいものでないと乗らないこともあります。

アユ釣りやカワハギ釣りでは、掛かりが悪いとすぐにハリを交換します。それに対してルアーフィッシングでは、フックを交換するという概念があまりないのか、フックに気を配る人は残念ながら多くありません。日本の繊細な釣りは、すべてハリを重視しています。シーバスは鱸《すずき》、日本の魚ですから、やはりそういう繊細な要素が必要なのです。

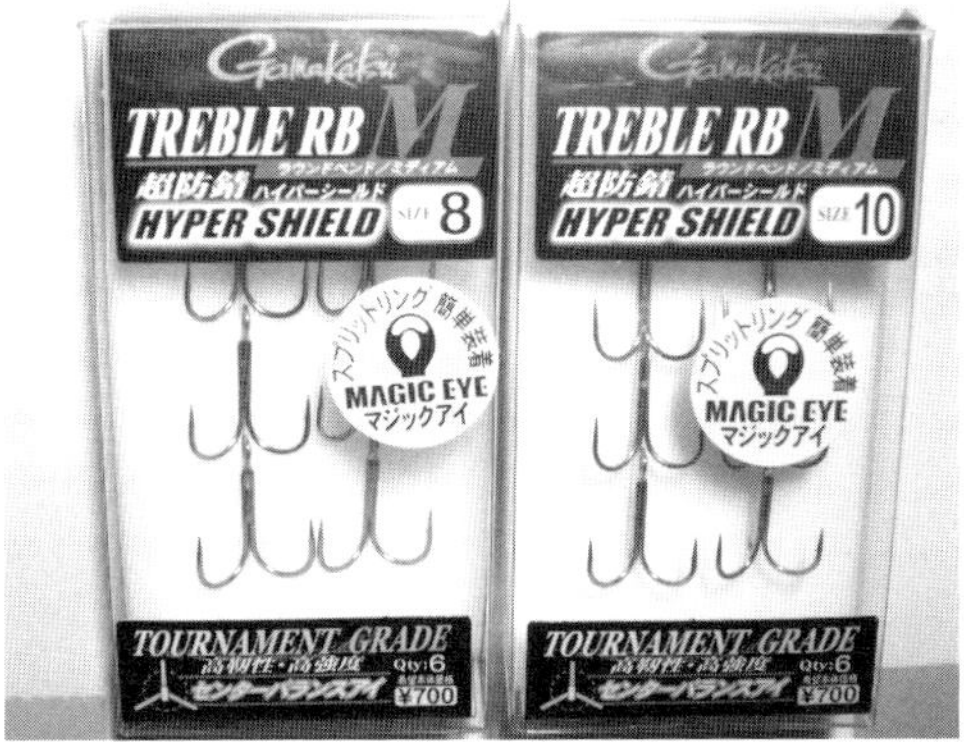

カワハギやアユ釣りではハリの先端が鈍るとすぐ交換する。シーバスのルアーフィッシングも全く同じスタンスで臨むべきだ

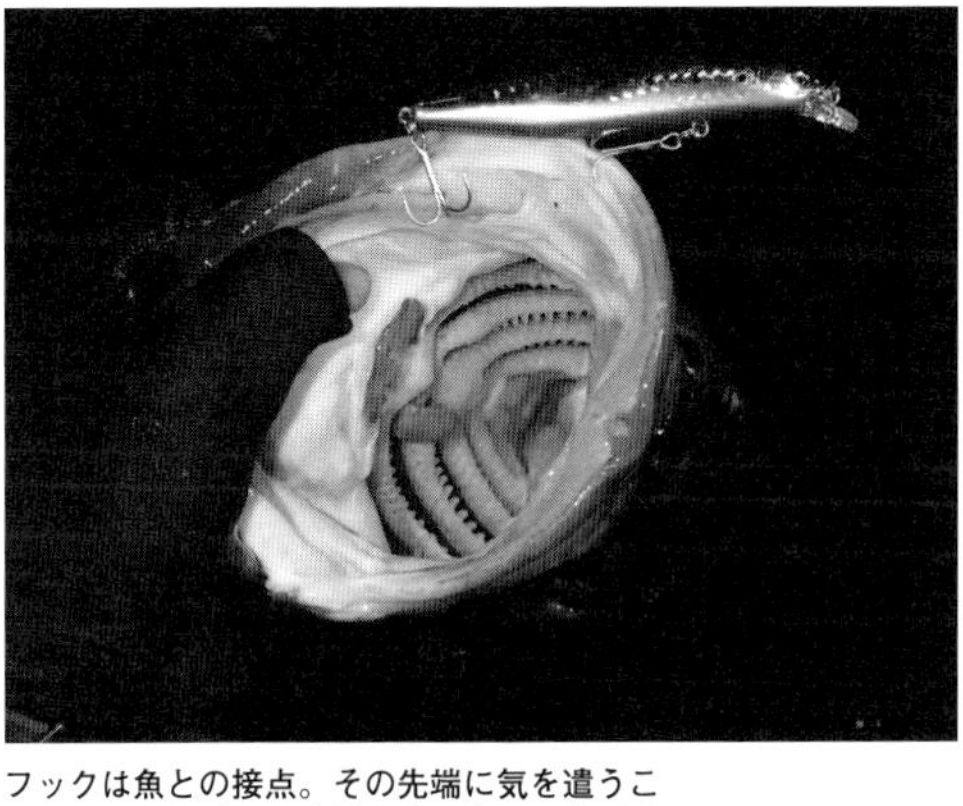
フックは魚との接点。その先端に気を遣うことがショートバイトを減らすことにつながる

寄せが強すぎる人が多い事実

ファイトに関しては人それぞれのやり方、スタイルがあると思います。しかしなかには早くキャッチしたい、魚の顔を見たいという思いからか、急いで一気に寄せようとしている人をよく見かけます。この寄せすぎによってバラシが増えるのも事実なのです。

ヒットした瞬間のシーバスの体力を100と仮定して、キャッチする時に0になっていれば間違いなく容易にキャッチできるでしょう。ところがこれが80も残っている状態では、最後の最後でシーバスは暴れ、それがバラシにつながるのです。

サーフなどで浜にずり上げた時、体力が残っているとバタバタ暴れると思いますが、これはずり上げなのでキャッチできます。しかし、このように元気な状態のシーバスをネットやフィッシュグリップ、あるいは手でランディングしようとすると、なかなか上手く決まりません。そしてもたつく間にバレてしまいます。皆さんも自分の目の前でバレてしまった経験があると思いますが、それは自分と魚の位置が近ければ近いほど、シーバスの力がダイレクトにタックルにかかり、その負荷を逃がしたり吸収することができないのでバラシにつながるのです。

寄せが強いファイトをする傾向は、シーバスを釣った経験の少ない人ほど顕著です。はっきりいえば雑、ガサツなファイトをしている人が多い。早く取りたいという気持ちが前面に出すぎて、何でもかんでもグリグリと巻いて取り込もうとしています。気持ちは分かりますが、たとえば2時間かけてやっとヒットさせたシーバスを、ほんの数十秒で取ろうとするのはナンセンスです。絶対にキャッチしなければと考えれば、シーバスの動きや体力に合わせたファイトをして、弱ったところでキャッチするというのが一番確実なのです。

ほかのどの釣りを見ても、魚をいなしながら体力を弱らせ、向こうが休んだ時に寄せにかかります。これは魚釣りの基本です。

もちろん、シーバスも例外ではありません。もしもストラクチャーや根があり、そこへ駆け込まれるのを防ぐのであれば、最初は多少強引に引き剥《は》がすようにファイトします。そのあとはていねいにゆっくりとファイトすればよいのです。

私はよく、「泉さんはずいぶんゆっくりファイトしますね」と言われます。そういう時は逆に、「何でそんなに早くファイトするんですか?」と聞き返します。すると、「元気なままキャッチして、すぐリリースしてあげたいから」と言う人がいます。キャッチアンド・リリースが前提のシーバスフィッシングを考えると、すばらしい発想です。とはいえ、その前にキャッチしなければ釣りでないとも思うのです。

弱らせてキャッチした魚を蘇生してリリースするには時間がかかります。元気なままキャッチしたほうがよいのは分かります。それはリリース前提の理想であって、本書が目差すところはあくまでシーバスが10倍釣れる方法です。キャッチを優先して考えれば、自ずと答えは出ていると思います。

魚をいなしながら体力を弱らせ休んだら寄せにかかる

時間をかけて得たバイトは確実にキャッチして
ゲームを完結させよう

バラシを減らすロッド

シーバスをバラしてしまう要因は、これまで記してきたようにアワセが強すぎることであったり、強引なファイトであったりします。これらはアングラーが配慮すれば減らすことが充分可能です。

ところがシーバスをバラす要因はほかにもあります。その筆頭は、何といってもシーバス特有のファイト中のエラ洗いです。シーバスはエサだと思って食いついたものが偽物のルアーだった時、違和感を覚えて吐き出そうとします。ところがフックが引っ掛かって吐き出せないため、口とエラブタを大きく開いてヘッドシェイク（首振り）をする。この行為がエラ洗いで、水中だけではなく空中でも行なうのが厄介なのです。

少し考えてもらえば分かることですが、水中では水の抵抗があるので首振りのスピードが抑えられています。ところが空中ではそれがなくなるためスピードが3倍、4倍にもなります。これにシーバスロッドが追従できなくなり、その結果ショックを吸収できずフックが外れてバラシにつながるのです。

前の項目でも触れましたが、現在のシーバスロッドはファストテーパーで硬めのものが主流です。なぜかといえば、誰が投げても飛距離を出せるようにするため、できるだけ正確に投げられるようにするため、そして感度を上げるためです。つまり、キャスティング性能に傾斜したコンセプトのロッドが主なのです。

ところで、バレにくいロッドとはどういうものかといえば、シーバスの動きに追従して動いてくれるもの、ショックを吸収してくれるものです。簡単にいえば、軟らかく、粘りのあるタイプです。これはキャストを重視するタイプとは矛盾しています。ですから、現在のロッドは、実はバラさないということにおいては、まだまだ完璧ではありません。そのためにも前記したアワセの強さ、ファイトのていねいさが非常に重要になります。

余談ですが、私は最近、磯ザオでシーバスフィッシングを試みています。磯ザオはシーバスロッドに比べてかなり軟らかいものです。キャストはペンデュラムであれば、慣れれば苦になりません。アワセも食い込みがよいので自然とスイープになります。そして、ファイトもしなやかにこなせるのでバラシを激減させます。それどころか、エラ洗いを一切させない。これは驚きの事実でした。ランディングを成立させるには足場の低いところでは使いづらいという難点はありますが、バラさないという点においては間違いなくシーバスロッドをしのぎます。この事実からも、まだまだシーバスロッドには発展の余地があるということなのです。

磯ザオでのシーバスフィッシング。しなやかなその調子は、やり取りの際に驚くべきメリットを発揮してくれる

上の写真で使用しているのがシマノの「ボーダーレス」。製品名が表わすとおり、ターゲット・釣法を選ばない斬新なコンセプトのロッドだ

バラシを減らすリール

　前項で触れたように、現在のシーバスロッドはバラシに対して限界があります。私はそれをフォローするために、レバーブレーキ付きリール（以下ＬＢリール）をだいぶ前から愛用しています。今日ではその優位性が浸透したのか、かなりの人が使っているようです。

　通常のリールに付いているドラグ機能は、ある一定の力を超えた時にジジッ、ジジッとラインが出て切れるのを防ぎます。つまりライン切れを防ぐ安全装置です。それに対してＬＢリールは、ラインテンションをコントロールできる、レバー１つで自分の好きなタイミングでラインを放出できるのが特徴です。これがシーバスフィッシングにおいて最大のメリットを発揮します。

　それは、シーバスという魚がテンションに対して素直に反応するからです。シーバスは自分が引っ張られると逃げようとしてか、反対方向へ走ろうとします。こちらが引けば引くほど、シーバスも引くのです。逆にテンションがフリーになると、釣られていることを忘れたかのように動きを止めます。

　このシーバスの性質を利用して、エラ洗いしそうな時や、急に走り出した時にラインを小刻みに放出してテンションを解除するのです。こうすることでバラシの確率はグンと下がります。また、小刻みにすることでロッドの角度がそれほど変わらず、テンションが抜けすぎてのバラシもありません。

　ＬＢリールを使いこなすのは、それほど簡単ではなく慣れと時間が必要です。しかし使いこなせれば大きな武器になることは間違いありません。これでキャッチが増えることはあっても、減ることはないので、ぜひ使ってみてもらいたいですね。

　１つだけ、勘違いしてほしくないのは、１回のファイト中に何度もブレーキを使っているわけではないということです。初めはいろいろ試したくてやたらと使ってしまいがちですが、実際はここぞという時のための必殺技という認識で使っています。特に、バラシが起きやすい手前に寄せてきた段階で突っ込まれた時に使うと有効です。沖で使うことはあまりないと思ってください。

LBリールは使いこなすのに慣れと時間を必要とするが、いったんモノにすればアングラーにとって力強い武器となる

魚をよく観察しながらのLBリールでのやり取りはアングラーに余裕をもたらしてくれる

タモまで出して詰めを誤るのは極力避けたい。そのためには何をどうすべきかを考える

ランディングは一発で決めろ！

ランディングの方法は、直接魚を手で取るハンドランディング、ネットやフィッシュグリップを使う方法、ずり上げなどいろいろありますが、これもいい加減にやっている人が多いですね。特にバラしやすいのはネットやフィッシュグリップを使う場合ですが、それは正しいランディング方法をきちんと理解していないからなのです。

たとえば、金魚掬《すく》いではいきなりジャボッとポイを水に突っ込んでもすくえません。そっとポイの端のほうだけ水に浸かるようにして掬います。これと同じで、シーバスもネットでランディングする時に、いきなり突っ込んでも掬えないのです。そしてネットで魚を追いかけるのでなく、ネットを固定してそこへ魚を誘導するのが基本です。

この基本を意識すると、バラさないネットランディングの条件が見えてきます。ネットを固定して魚を誘導するためには、ネットは広がっていなければいけません。そこでネットを潮下に位置させ、潮上に面を向けて広げます。そして、潮上から魚を誘導するのです。このことを意識して分かっている人はかなり少ないでしょう。

仲間にランディングを手伝ってもらう時、あなたは2人の立ち位置を気にしていますか？　たまたまの2人の位置関係が、そのままランディングの立ち位置になっていませんか？　本来なら潮や流れに合わせて自ずと立ち位置は決まり、手伝ってもらう仲間には、潮下側でネットを固定して待ってもらうのがベストなのです。ここで、つい早く掬おうとしてネットで追いかけると上手くいかないことが多く、何度も繰り返す羽目になります。当然、バラす確率もアップします。

フィッシュグリップでのランディングの場合は、これとは逆になります。グリップで魚の口をつかむのですから、魚を潮下におくことで流れの抵抗を利用し、ゆっくりと潮上にあるグリップのほうへ誘導させます。

せっかくフッキングした魚を、ランディングで逃してしまうほどもったいないことはありません。正しい知識を活用して、しかも、失敗したら次はないくらいの覚悟で一発で決める。これが理想のランディングです。

流れを意識してランディングする

ネットを使う場合

フィッシュグリップを使う場合

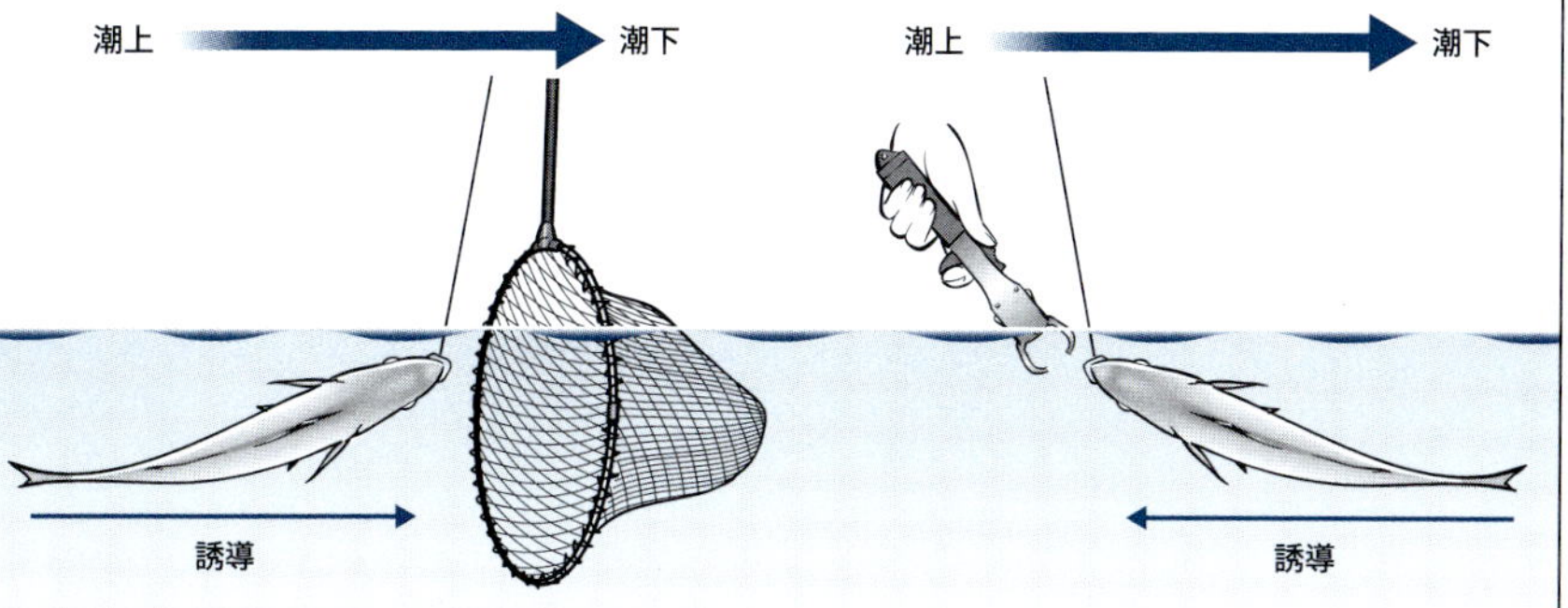

ネットを潮下にするのは、網を大きく広げるため。そこへ潮上からシーバスを誘導する。この時、ネットで魚を追うのではなく、ネットは固定しておきそこにシーバスを誘導するのがベスト

潮上でグリップ位置を固定し、潮下からシーバスを誘導する。潮下から誘導することで抵抗が生まれるので、ゆっくりと正確にグリップのほうへ誘導できる。この時もグリップで迎えにいくとつかみ損ないやすい

どのランディングスタイルを選択するかによって、魚とアングラーの位置関係は決まってくる

ランディングは「失敗したら次はない」くらいの気持ちで臨みたい

COLUMN　釣り仲間との交流

私は、そもそも釣りを始めた時から「釣りで友だち1000人作る計画」というのを目標にしていました。釣りって、ひとりでも楽しめるけど、仲間がいたらもっと楽しい！　釣りって、本当に、年齢も仕事も越えて仲間を作れる趣味だと思います。朝のあいさつで会話が始まり、1日が終わる頃には、見知らぬ同士がもう友だちになっている。人と人をこれだけあっさり繋げてくれる趣味って、逆に聞きたいけれど、ほかにないのではないでしょうか。

登山は、ここまでたくさんの人とは関わらないでしょう。社会人になり野球やサッカーをしても、たぶん交流があるのはそのチームの中だけだから、10～20人かな。あっ、アマチュア無線には負けるかも（笑）。でもあれは、直接会うことはあまりないみたいだし、そう考えると、やっぱり釣りの勝ち！

本当に釣りという共通の趣味があるだけで、人と人の垣根を簡単に越えることができる。これって、普通の社会にいたら、あり得ないことじゃないですかね。

海の釣りは、仲間がいるほど情報の輪が広がるし、釣れる、釣れないという以前に、そういう環境がベイトの動向やシーズナルパターンといったフィールドに対する自分の知識を、すごい勢いで増やしてくれるのです。これは、ひとりではあり得ないことです。それに仲間がいれば、やっぱり自分の釣りを語りたいし、ちょっと自慢もしたいじゃないですか（笑）。

私はずっとそんなスタンスで釣りをしてきたので、全国のどこへ行っても釣り友だちがいます。「友だち1000人計画」は、だいぶ前に達成しました。そればかりか、今はSNSやインターネットのおかげで、顔を知らない北海道のアングラーとも繋がり、今日も電話でガッツリ釣りの話をしたばかりです。

この調子だと「友だち1万人計画」を立てても、充分実現可能な勢いです。これは釣りを続けてきて本当によかったこと。それを自分の仕事にできて、幸せです。「一生幸せになりたかったら釣りを覚えなさい」という中国の諺《ことわざ》を、つくづく実感しています。

釣りはひとりでも楽しめるけれど、仲間がいるとそれが倍増する
たま
最大搭載人員 51人
（旅客 50人）

釣り仲間が増えるほど共有できる知識や情報量もまた増えていく

5章　見つける

Find

シーバスを見つけることへの近道はベイトフィッシュを見つけることです。つまり、ベイトフィッシュの動向を知ることが、そのままシーバスへ近づける方法なのです。それにはシーバスが好むベイトフィッシュを知るだけでなく、風や潮目という自然条件、そして鳥の存在も役立てなければなりません。

そして、こちらが見つけたいシーバスに、逆に見つけられているという事実。このことに対して、もっと神経を遣ってください。想像以上にシーバスはアナタを見ていますよ！

風を味方にする

　ベイトフィッシュを見つけることはシーバスに出会うための最大の攻略法です。ベイトフィッシュは驚くほど風に弱く、水面に浮かぶゴミと同レベルで風に流されます。流れに逆らうことはまずあり得ません。つまり、風の吹くほうへ、吹くほうへと溜まるのです。これはベイトフィッシュを捜すうえでの大きなアドバンテージ。利用しない手はありません。まさに題名どおり、風を味方にしろということなのです。

　風の情報はいろいろなツールで知ることができます。風向き、風の強さも容易に得られます。それを基にベイトフィッシュが溜まるであろう場所を見つければ、自ずとシーバスが釣れることにリンクするのです。潮目すら動かす風の影響、力はすごく、吹き出したらあっという間に影響が出ます。前日にたくさんいたベイトが次の日はカラッポなんてことはもちろん、港湾やサーフなどのオープンエリアではより顕著で、風向きが変わった途端にベイトが流されることもあります。ですから風に対しては、いつなんどきでも細心の注意が必要なのです。

　一例を挙げると、無風状態で釣れていたとします。その翌日、風が出て追い風が吹いた。すると前日よりもルアーの飛距離が出て射程圏が広がったにもかかわらず、釣れない。それはルアーが届く範囲よりもさらに沖へベイトが流された証拠で、このように我々はわずか数10mの狭間でしのぎを削っているわけです。

　このことを逆にとらえると、釣りがしづらい向かい風こそ、ベイトが手前に押されてくることから、むしろ歓迎すべき条件となります。

　補足として、風の影響は浅いエリアほど強く受けます。水深が深くなるにつれてその影響は薄まります。また、風が吹くことで水が動く、濁りが入るなど、シーバスの活性を上げるファクターが相乗効果をもたらします。潮汐を頼りに釣行する方も多いでしょうが、場合によっては、潮より風のほうが要素として上位にくることもあります。私も堤防などの釣り場では、潮ではなく風を見て釣行します。風は潮と同等かそれ以上のファクター。それだけ風を意識しろということなのです。

風の影響とベイトの関係

追い風の場合、風の影響で沖にベイトが流されるが、後ろが山などの場合はエアポケットができるので、岸際にもベイトが残る

堤防に向かってくる風の場合、向かい風に押されて堤防際にベイトが寄る。風が抜ける反対側もエアポケットができるので同様にベイトが残る。ルアーが飛ぶからといって、遠くに投げていては釣れないことも多い

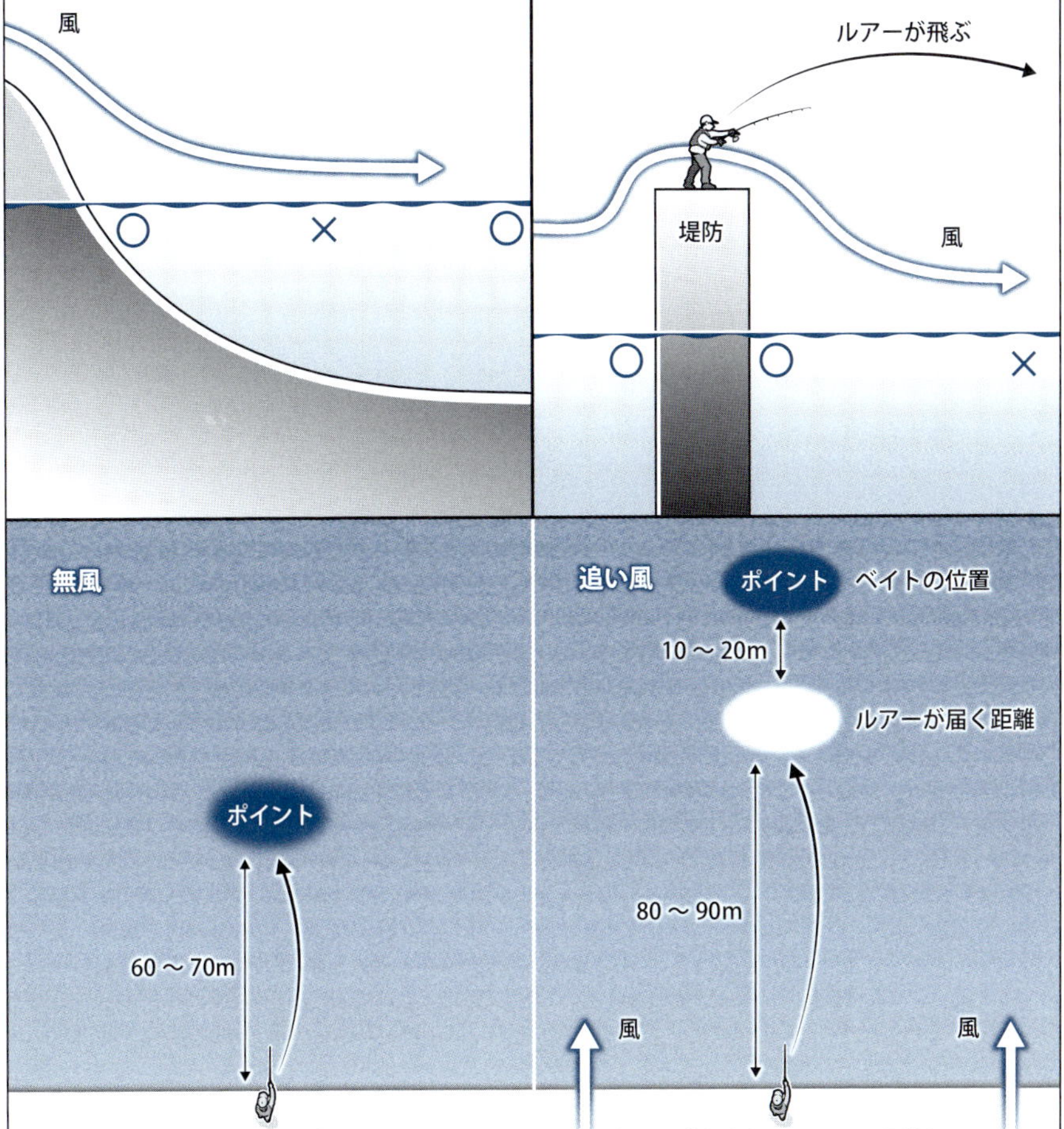

風
○
×
○
ルアーが飛ぶ
堤防
風
○
○
×
無風
ポイント
60 ～ 70m
追い風
ポイント
ベイトの位置
10 ～ 20m
ルアーが届く距離
80 ～ 90m
風
風

無風状態の時、ベイトがいるエリアにルアーが届いていたので、60 ～ 70mの飛距離で釣れていた

追い風が吹くとルアーの飛距離も 80 ～ 90mに伸びてチャンスが広がると思うが、それ以上にベイトは沖に流されてしまう

バチ──遊泳力がなく、流されて溜まる場所がある

バチとは多毛綱の底生生物の総称で、繁殖期を迎えると浅瀬の泥中から抜け出します。これをシーバスが捕食することから、アングラーの間ではバチ抜けパターンと呼ばれています。シーバスゲームの中で一番誰でも釣れますし、魚に出会いやすいので初心者にもおすすめできるパターンです。

バチが抜ける時期は（地域によって差はありますが）ある程度決まっていて、警戒心の少ないナイトゲームであることから釣りやすいのです。大まかにいえば、東京では冬から春、大阪なら春から初夏です。バチを見つけるには、まずは季節的な条件を外さないことです。

一般的には、大潮回りの満潮が夕暮れ時に重なるタイミングが一番バチ抜けするとされています。満月がベストともいわれるように明るい時がよいようで、ベイエリアなどではダラダラとこの時期に抜け続けていることもあります。抜けたバチは遊泳力がないので、下げ潮に乗って水面を流されます。

バチが棲むのは砂泥や、砂泥に岩が混じる底質が多いですが、実はカキ殻などの貝類にも付着するので、壁などに貝類が付着している場所も見逃せません。表層に浮いている時は、目視もできるので見つけやすいベイトです。ただ、水面が荒れている時などは、実際はバチが抜けているにもかかわらず、表層に出てこないため分からないこともあります。

バチ抜けの時期は、遊泳力のないバチが流されながらも溜まるエリアが最高のポイントとなります。したがって運河や小河川、漁港など、流れが弛《たる》む場所があることが好条件となります。

ただし、バチが溜まりやすい条件が整っている場所でも、肝心のバチが抜けなければ意味がありません。そこでバチが大量に抜ける場所を知っておく必要があります。バチは底からだけではなく、貝類からも抜けると述べました。底質＋壁や台船、橋脚やテトラなどに貝類が付着しているところもポイントになるのです。

バチが抜ける量は、イラストのように表面積が広いほど多くなると覚えておくとよいでしょう。

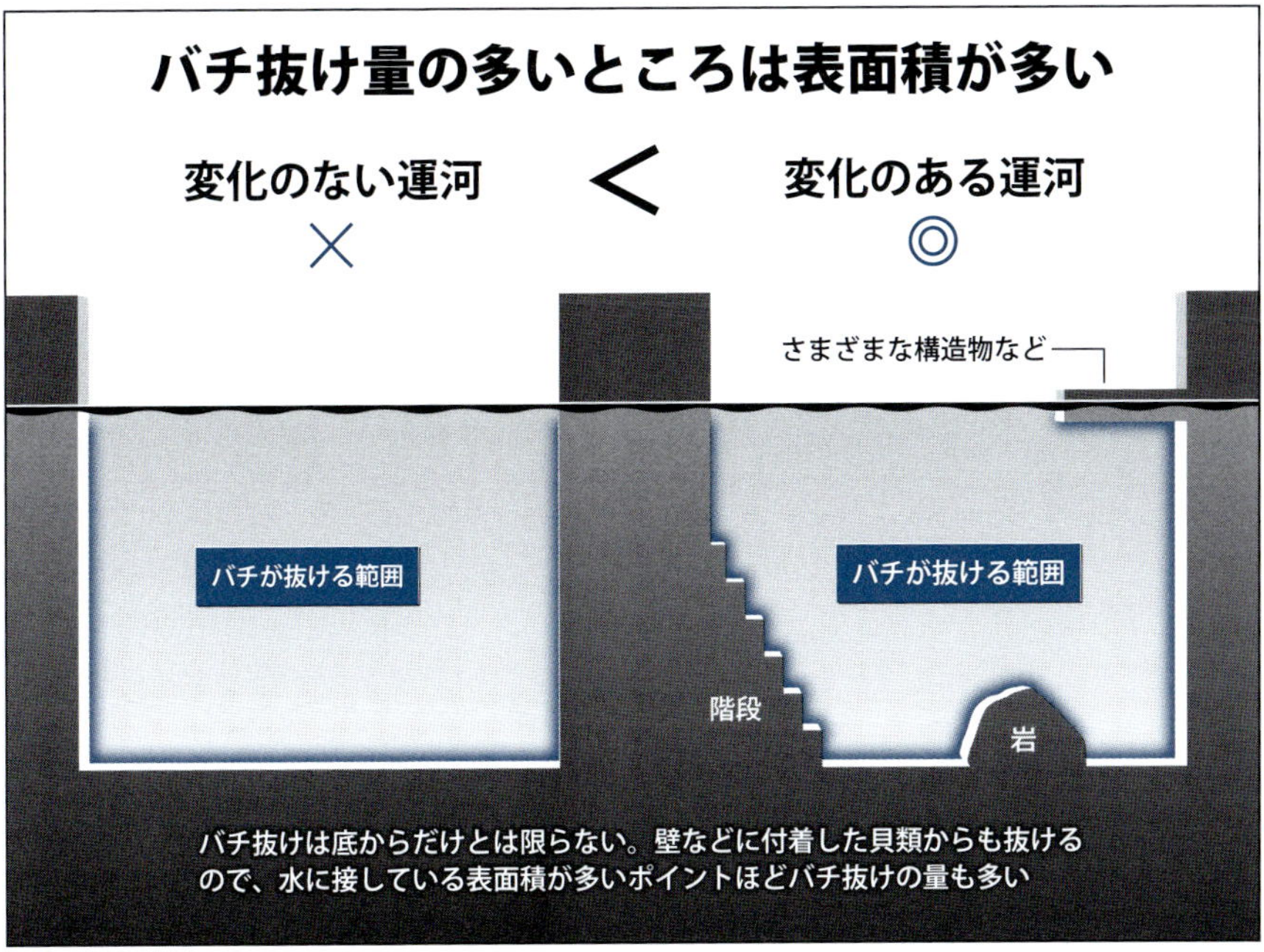
バチ抜け量の多いところは表面積が多い
変化のない運河
×
<
変化のある運河
◎
さまざまな構造物など
バチが抜ける範囲
バチが抜ける範囲
階段
岩
バチ抜けは底からだけとは限らない。壁などに付着した貝類からも抜けるので、水に接している表面積が多いポイントほどバチ抜けの量も多い

バチ抜け。水面を覆い尽くすほどの個体に遊泳力はなく、待ってましたとばかりシーバスに捕食される

バチを飽食したシーバス

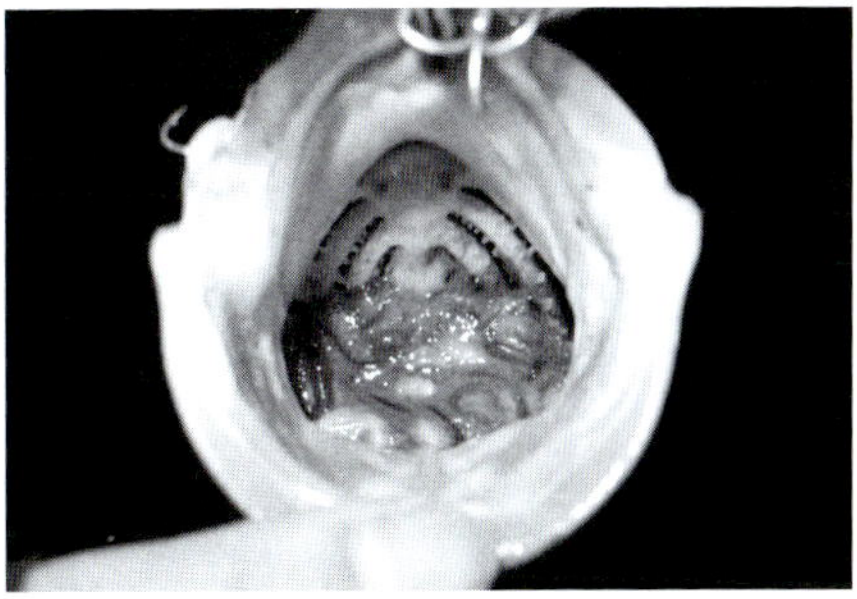

イワシ―本命はカタクチイワシ

イワシには、マイワシ、カタクチイワシ、トウゴロウイワシ、ウルメイワシなどが挙げられます。その中でもシーバスが一番好きで、分布も全国に広がり、数も多いのがカタクチイワシです。ナイトゲームで一番釣りやすいベイトはバチですが、デイゲームではこのカタクチイワシです。私の経験でも一番シーバスを釣っているのがカタクチイワシパターンで、ボイルしている時などはまず外すことはありません。数種のベイトフィッシュが混在する場合でも、シーバスは明らかにカタクチイワシを偏食します。私見ですが、シーバスの口はカタクチイワシを食うために形成されているのではと思うほど好んで捕食しています。

最近分かったことですが、東京湾や大阪湾にはカタクチイワシが年中存在します。水温の下がる冬は量が減りますが、いることは間違いありません。捜し方ですが、後述する鳥の存在が欠かせません。鵜《う》とカモメ、特にカモメは必ずカタクチイワシについています。エサ釣りの情報で、カタクチイワシがいっぱいサビキで釣れますよという話よりも鳥の存在のほうが信頼度は高いです。

カタクチイワシはシーバスと鳥の共通のエサです。ただ鳥は深い水深まで潜って捕食できないので、シーバスが下から食い上げるタイミングを待っています。まさに共同で漁をしているかのように阿吽《あうん》の呼吸でシーバスと鳥の関係が成立しているのです。これはデイゲームでシーバスが他のベイトを押し上げるような行動をしないことからも、確信に近いと考えています。カタクチイワシには群れで追い込んで押し上げるような捕食なのに、ボラやサヨリなどには、ボイルはしても群れで追い込むのではなく単体で捕食するように思います。そしてシーバスが減ったら鳥も減る、という生態のバランスができているのだと思います。鳥が水面で休んでいるのは、シーバスの食い上げを待っているのでしょう。したがってチャンスがくるかもしれないと待つ価値はあります。

条件的に見ると、カタクチイワシの大きな群れは6〜11月、水温が15℃以上の時がベストですが、真冬の水温が7〜8℃の時でも可能性はあります。

漁港などで、網で掬えるほど大量のカタクチイワシが回遊してくることもある。こういう状況はもちろん大チャンスである

カタクチイワシを捕食しているシーバスは活性が高く、ルアーへの反応もすこぶるよい

ボラ——一番の好物ではないが無視できない

ボラは全国的に一番見つけやすいベイトです。シーバスは、イワシやアジ、サバなどの海のベイトのほうが栄養価も高く好んで捕食します。シーバスからみるとボラはそれほど好物のベイトではないのですが、汽水域の魚なのでシーバスと生活圏が重なり、常に身近にいるので安定して得られるエサです。ある意味、シーバスにとってのメインベイトになっているのです。ちなみに、ボラは春先にバチを食っていることからも同じエリアに棲む仲間。ボラがいれば、そこにはシーバスもいると考えて問題ないでしょう。

ボラは川などにも常にいます。これは全国的に同じだと思います。ですから、シーバスを捜すうえで一番間違いがないのが、シーバスとボラが混在している河口域なのです。どこで釣れるのか迷った時には、河口へ行くのが鉄則です。

ただ、同じ水域にいるといっても、シーバスはいつでもボラを捕食しているわけではなく、タイミングがあります。経験上、流れが出た時、雨などで増水して強い流れが生まれた時はチャンスです。濁りも発生するのでより可能性が高まります。平常時のボラは多少の群れは作っても、あちらこちらに散らばっています。ところが増水などで強い流れが生まれると、流れが緩むところなどに集まり、大きな群れをなします。こうなるとシーバスにとっては効率よく大量のエサを捕食できるわけで、流れの際でボイルが出るほどです。これがいわゆる雨後のボラパターンです。

サイズで見ると、春先の2〜3㎝の小さい時（ハク、イナッコ）は捕食されやすく、それから大きくなればなるほど捕食の傾向は減ります。春先は他のベイトも少なく、小さなボラは軟らかいので食いやすいのでしょう。

ねらいやすいのは小規模河川です。川が小さいことから流れの変化なども分かりやすく、そのような流れの河口域〜潮止めの間などでは、非常に釣れる確率が高いといえます。

基本的なボラパターンの傾向は、トップ〜表層系ルアーで、比較的ブリブリと泳ぐタイプのルアーが有効です。

雨後のボラパターン

雨による増水などで流れが強くなると、地形変化やストラクチャーの際など、流れが緩むところにボラが集まる。これをシーバスがねらう

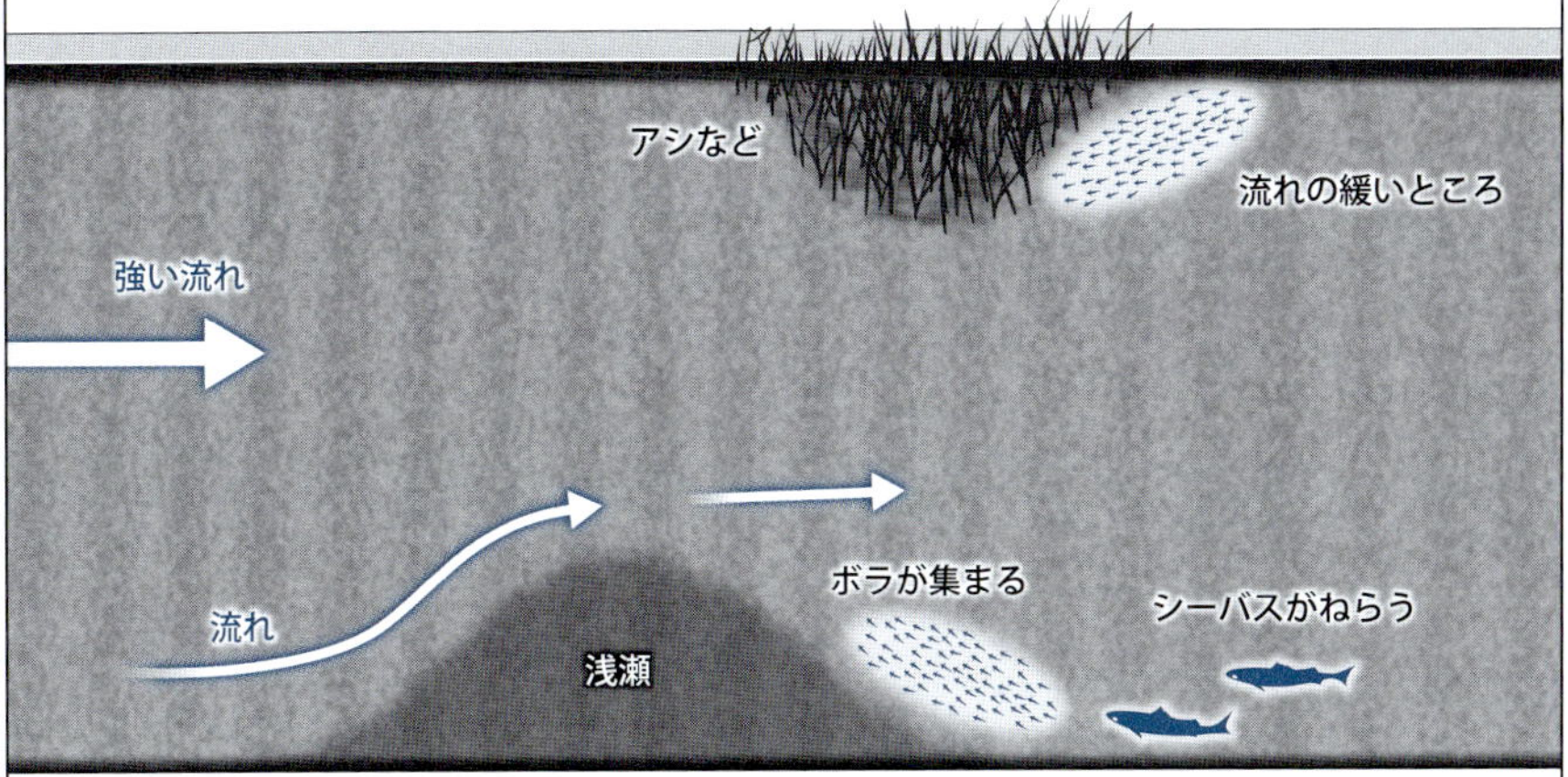
アシなど
流れの緩いところ
強い流れ
流れ
浅瀬
ボラが集まる
シーバスがねらう

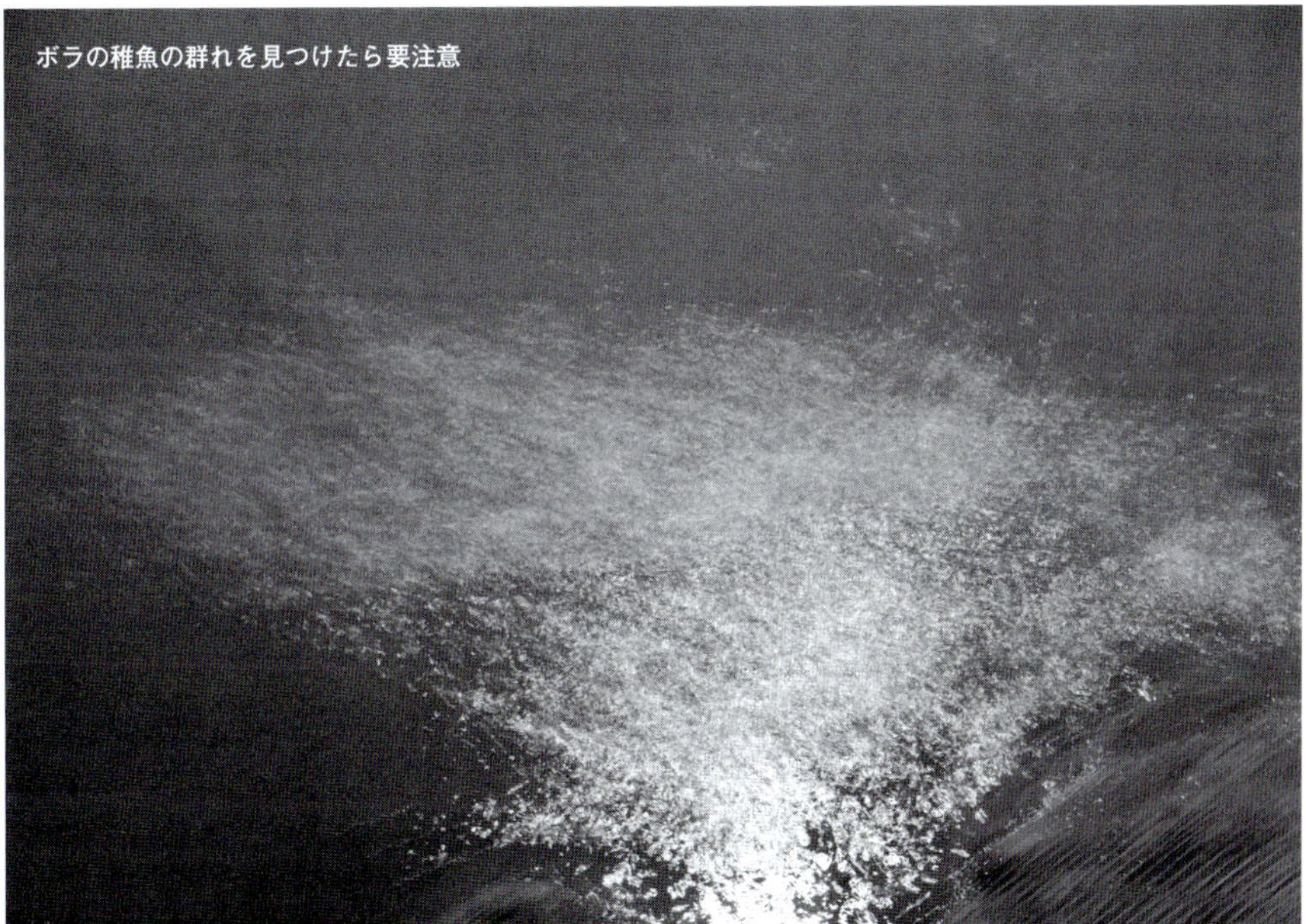

ボラの稚魚の群れを見つけたら要注意

サヨリ――難解なパターン

はっきりいって、サヨリパターンは簡単には釣れません。もうやらなくてもいいくらい難しいパターンです。季節としては6月くらいからエンピツサヨリと呼ばれる小さいサイズを見かけるようになります。その後、秋口あたりまでにはサンマほどのサイズがシャローに入ってきます。

サヨリは光を非常に嫌う傾向があります。ベイトの群れに光を当てて狂ったように逃げ回るならサヨリと判断できます。ですから常夜灯に集まることもありません。また、サヨリは表層にいること、体型的なことから、かなり風に弱いベイトです。風が吹き始めた途端にいなくなるほどです。ですから風が吹く方向で捜すと見つける確率はかなり高くなります。

サヨリが見つかったら選択肢は2つです。その日はあきらめて退散するか、朝まで覚悟の持久戦を敢行するかです。ちなみに、私は帰るほうを選びます（苦笑）。実際、あまりに効率が悪く、やらない人も多いです。それほどサヨリがベイトになっている時は、難しいのです。

難しい理由は、まずボイルが非常に派手なことです。サヨリは先ほどの光と同じように、シーバスの捕食に対しても過剰に反応します。それが広範囲に連鎖するので、かなりのボイルになります（実際にはシーバスは数尾しかいなかったとしても……）。これは釣れる！と、アングラー側が確信するほどの派手なボイル。そしてテンションは上がる一方なのに、なかなか食わせることができず、より熱くなってしまうのです。

それから、シーバスはサヨリの後方から食います。尖《とが》った頭がいやなのか、必ずうしろから捕食するのです。つまりこのパターンにピタリとハマらないと食わない。追われるサヨリとルアーの泳ぐ方向が同じになれば、食わせられる可能性はあります。その条件がなかなか成立しないので、難しいのです。

攻略の目安として、シャローと流れという条件が揃うと釣れる可能性が上がります。流れがあれば自ずとサヨリの向きが決まってきます。ウエーディングなどであれば、その向きに合わせた立ち位置をとれるので、ダウン

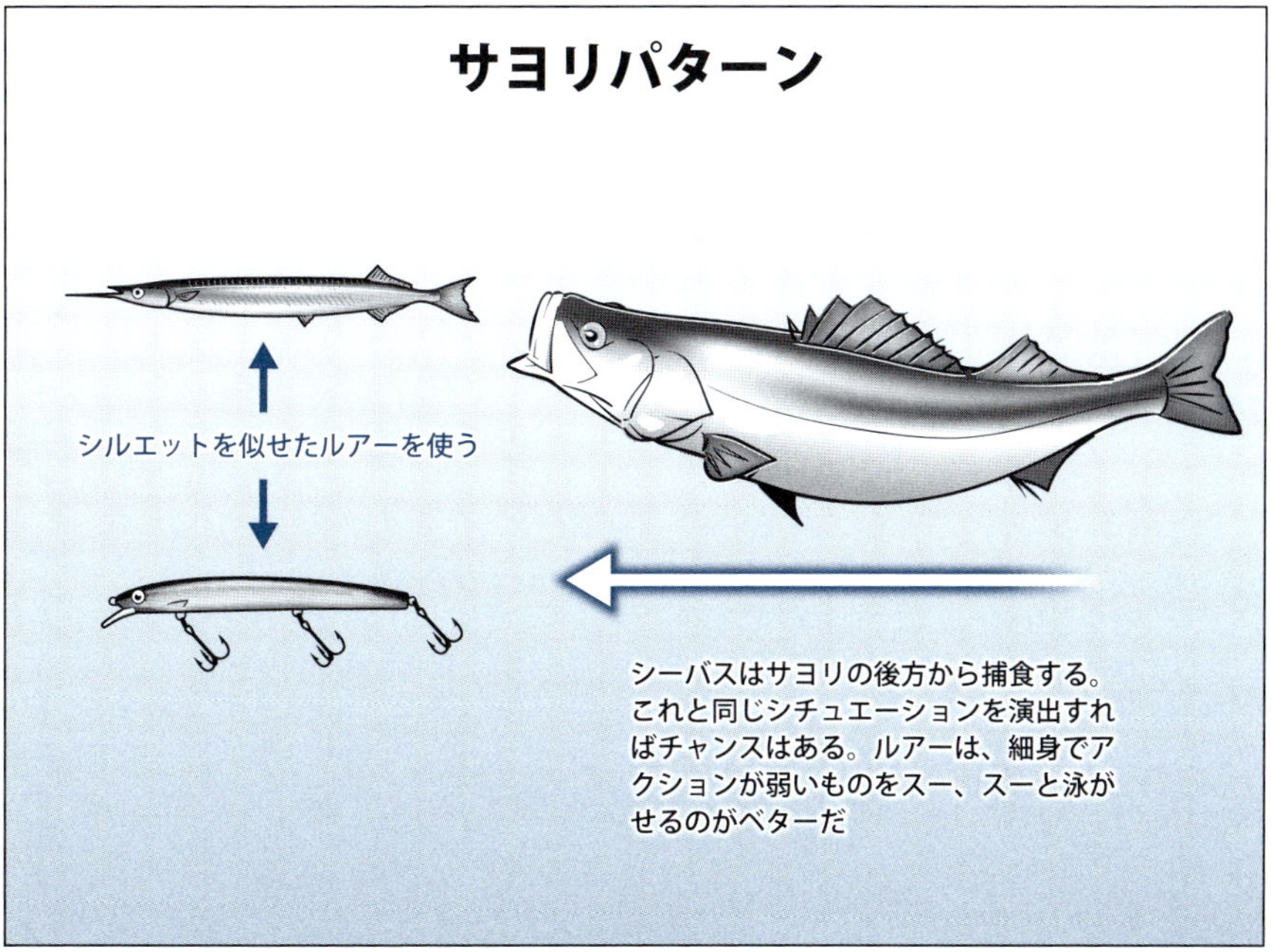
サヨリパターン
シルエットを似せたルアーを使う
シーバスはサヨリの後方から捕食する。これと同じシチュエーションを演出すればチャンスはある。ルアーは、細身でアクションが弱いものをスー、スーと泳がせるのがベターだ

にルアーを入れれば、サヨリと同一方向で泳がせることができます。ルアーはサヨリを意識した細身のシルエット、泳ぎ方もスー、スーッと比較的激しいアクションが出ないものがよいでしょう。

なかなか難しいサヨリパターンですが、それでも、いつか完全攻略できる日がくると信じて、これからも探求していきたいと思っています。

ルアーにヒットしたサヨリ。この魚のパターンの時は……あきらめが肝心?!

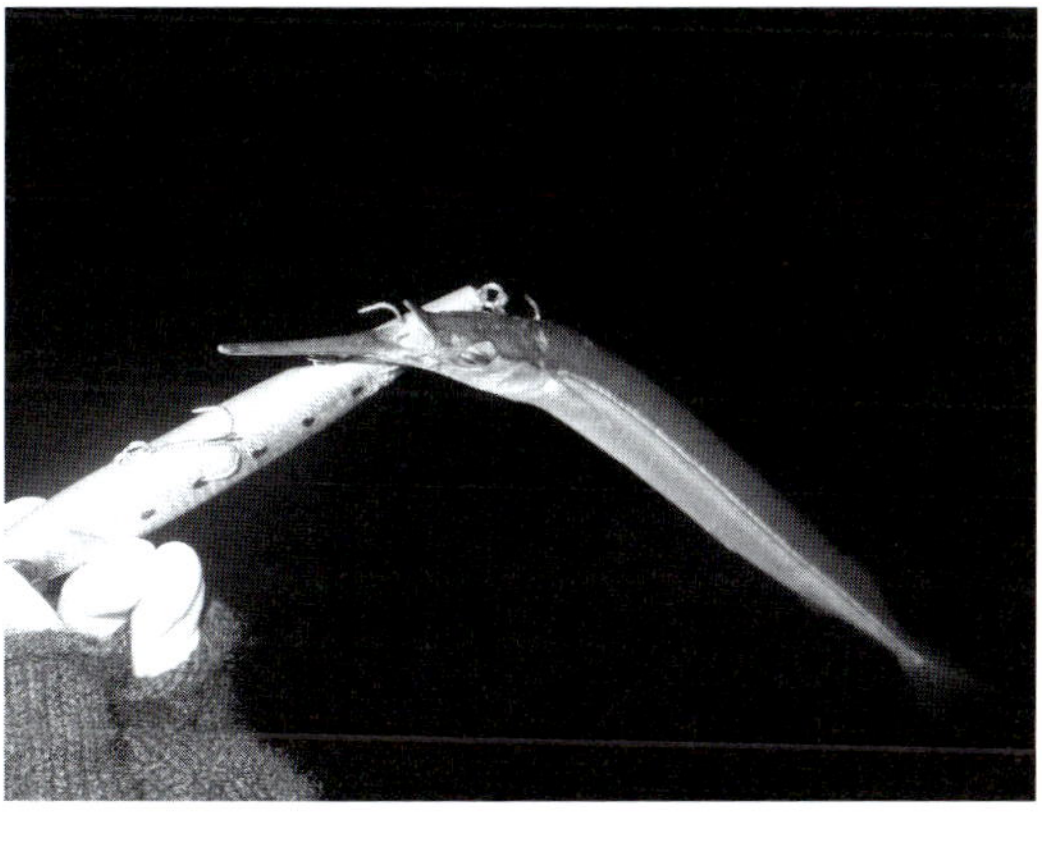

コノシロ──ランカークラスが付きやすい

コノシロはスーパー・ベイトフィッシュです。ボラと同じように汽水域にいて、ほぼ通年見かけます。ボラと違って体も内臓も軟らかく、シーバスが非常に食べやすいベイトフィッシュといえます。そして、アングラーにとって魅力的なのは、コノシロに付いているシーバスがデカイこと。つまりランカーシーバスをねらうのに外せないのがコノシロパターンなのです。

コノシロが浅いレンジにいてざわついている時は目視でも分かりますが、それほど表層を好むベイトではありません。しかし、他のベイトと比べてサイズが大きく、コノシロの群れに遭遇すると明らかにゴツゴツとルアーに当たったり、フックに引っかかったりするので、見つけるのは比較的容易です。中層以下のレンジでゴツゴツとルアーに当たりを感じることがあれば、それはほぼコノシロと判断して間違いないでしょう。

また、明確な理由は定かでありませんが、なぜか岸際に弱り切った、あるいは死んだ魚体が打ち寄せられて浮いていることがよくあります。そういう時は間違いなく近くに群れの本体がいると思ってください。このフラフラした状態のコノシロは、不確かですが、水中でシーバスにアタックされたと推察しています。大きなベイトであるコノシロをシーバスは一発で食えないので、ボディーアタックして弱らせてから捕食すると想像しています。したがって、この動きをルアーで演出すると非常に効果的なのです。

もう1つ、コノシロの存在を教えてくれるヒントとしてスナメリがいます。スナメリが好むベイトがコノシロとマイワシなので、スナメリが目撃されるようなエリアには、コノシロがいる可能性が高いのです。以前は、スナメリがいるとシーバスは釣れないといわれていましたが、それは逆で、スナメリがいれば実はチャンスです。ただ、スナメリのほうがシーバスより優位です。スナメリが活性高くコノシロを追っている時は、シーバスは近くでおとなしくしています。スナメリの活性が落ち着いてからシーバスは捕食行動に移るので、それを見極めれば釣れる可能性は高いのです。大きなスナメリのパワー

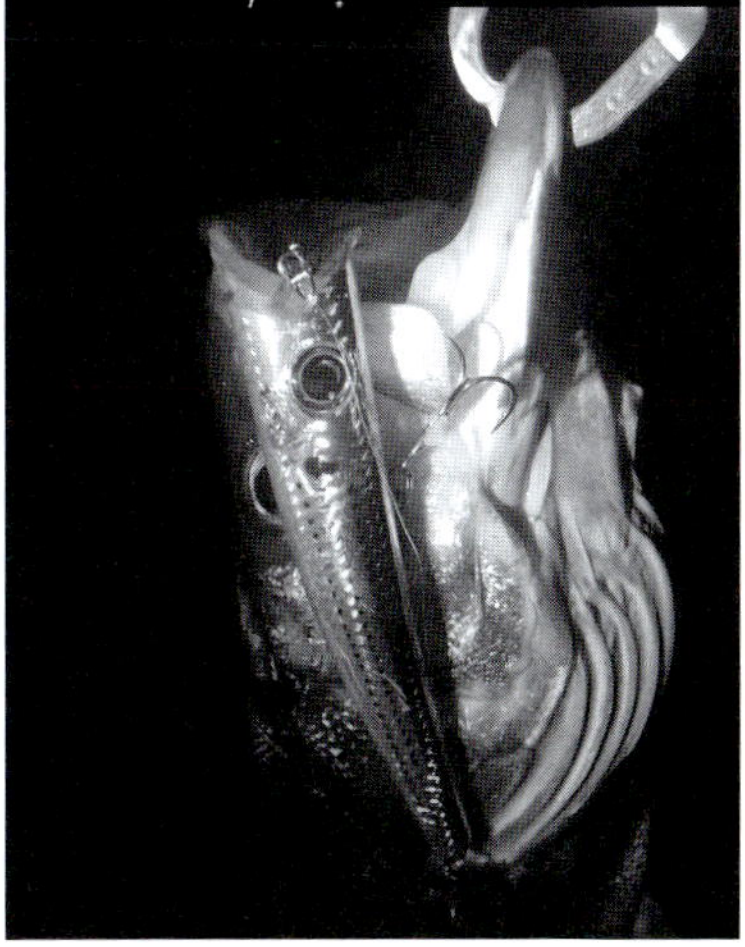

上／コノシロパターンの時はランカーサイズへの期待が高まる
下／表層レンジを意識した大型ルアーでヒットしたナイトゲームの１尾

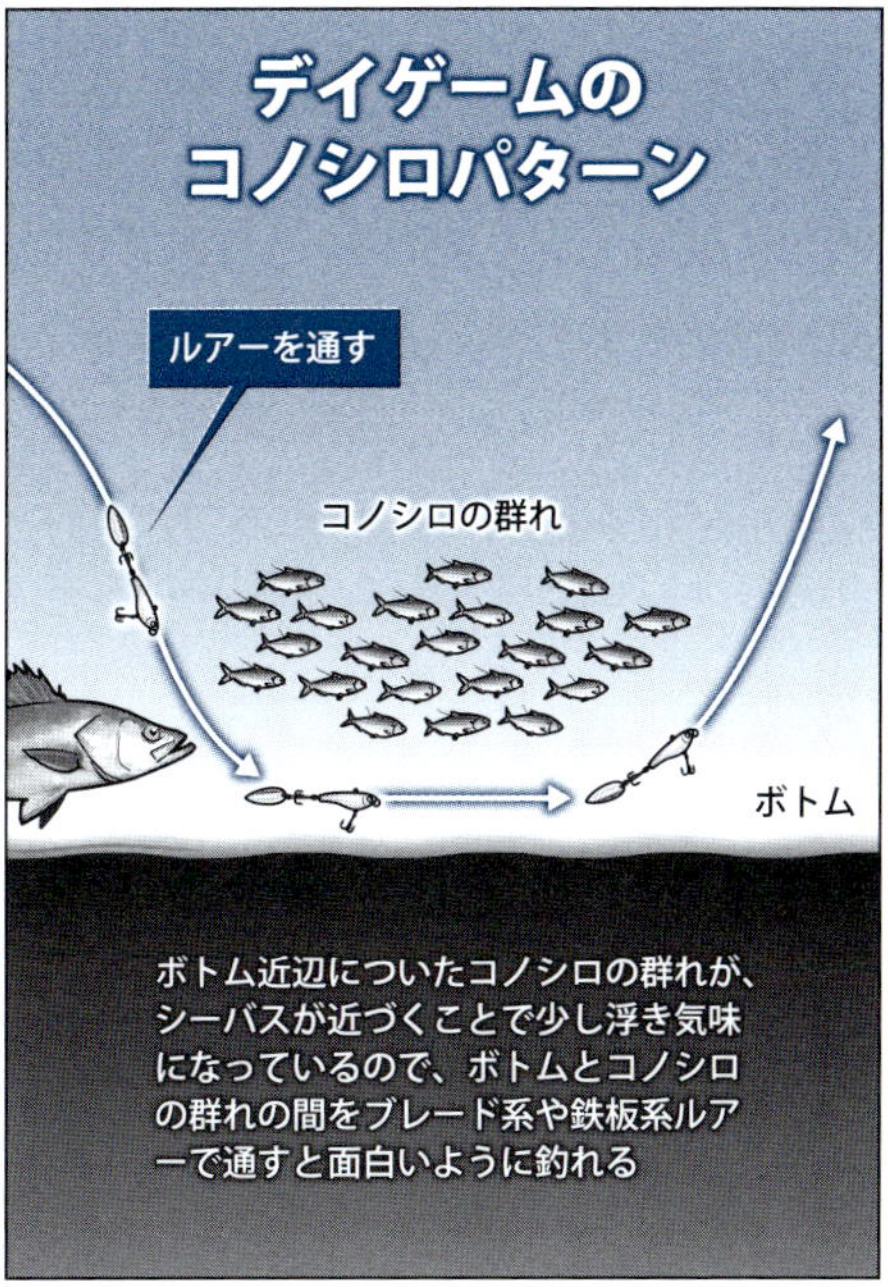
デイゲームの
コノシロパターン
ルアーを通す
コノシロの群れ
ボトム
ボトム近辺についたコノシロの群れが、シーバスが近づくことで少し浮き気味になっているので、ボトムとコノシロの群れの間をブレード系や鉄板系ルアーで通すと面白いように釣れる

はすごく、それだけコノシロは岸に追い込まれて、アングラーによりオイシイ条件をもたらしてくれます。スナメリとシーバスは、ライオンとハイエナのような関係なのかもしれませんね。スナメリが来る前と来た後は、よくシーバスが釣れます。

　コノシロパターンでねらう時、デイゲームでは深いレンジ、ボトムを意識して釣ります。ボトム近辺に付いたコノシロの群れが、シーバスが近づくことでちょっと浮き気味になります。そのボトムと浮いたコノシロの群れの間にルアーを通すとすごく釣れます。以前はこれをできるルアーがほとんどなかったのですが、近年はブレード系や鉄板系という小さくて重いタイプがドンピシャにハマります。

　ナイトゲームではコノシロが浮くので、ミノーの出番が多くなります。この時は、コノシロに合わせるように大型サイズのルアーをチョイスしなければ釣れません。

鳥を見つけろ！

イワシの項でも触れましたが、シーバスを釣るうえで大きなヒントを与えてくれるのが鳥です。鳥はエサを捕るためにその場所にいるので、エサとなる小魚がいるところにしか出現しません。つまり、シーバスのエサである小魚がいる場所を教えてくれるようなものです。私も釣りをすればするほど、鳥の存在が重要であることを痛感しています。

たとえば川の上流部などでは、釣れるポイントを教えてくれます。見知らぬ場所で、どうねらえばよいか考える時、サギが立っている場所があれば、間違いなくそこがポイントです。なぜそこに立っているかといえば、エサを捕りやすいからです。サギは流れが強いところと緩むところの境で、小魚が強い流れから緩いほうへ落ちた瞬間に首を突っ込んで捕食します。まさに小魚の通り道なのです。これはシーバスが小魚を捕食するのと同じ条件で、サギと同じところに立てないまでも、そこにルアーを流し込めばシーバスが釣れるというわけです。

シーバスと鳥の関係はかなり密接です。鳥山の下にはベイトフィッシュがいて、それを捕食するシーバスがいるから釣れるという関係は、本当は逆で、ベイトフィッシュがいてシーバスが食い上げるように捕食するため、おこぼれをもらいに鳥が集まるのが本来の図式です。ただ我々には水中で起こっていることが見えない、あるいは見えにくいので、見える鳥を頼りにするしかないのです。鳥が小魚を捕食して盛り上がっている光景と同じことが、水面を境に水中ではシーバスがベイトを追い回しているのです。鳥が旋回し始めたら、水の中ではシーバスが旋回し始めているとイメージすればよいのです。

鳥が水面で休んでいる時は、シーバスもボトムで休んでいるはずです。しかし、ただボーッと休んではいません。ベイトフィッシュの動向は押さえています。シーバスは羊飼いのように、ある程度自分たちが捕食しやすいエリア内にベイトフィッシュを囲い込んでいるのです。

たとえば、運河内にベイトの群れが入ってきたとすれば、運河の出口の両サイドをふさぎます。ベイトが出ていこうとすると、フワッと現われて、出ていかないよう

シーバスと鳥は水面を境にして合わせ鏡のような状態にある
鳥が突っ込む
鳥が休んでいる
空を旋回中
水面
鳥が水に突っ込んで小魚を捕食している時は、水中のシーバスがベイトフィッシュを食い上げている
水面で鳥が休んでいる時は、シーバスもボトムで休んでいる
鳥が小魚ねらおうと旋回している時は、水中のシーバスもベイトフィッシュを追い込むように旋回している
ボトム

に戻すのです。そういう役割をする個体が間違いなく存在します。その門番の役割をしているシーバスを、仲間内では「ストッパー」と呼んでいました。ある日、ストッパー役のシーバスを釣ってしまうと、その後はベイトフィッシュが運河内から出ていってしまったのです。漁港の出入り口でも同じようなことが行なわれています。

鳥から話は少しずれましたが、先ほどのスナメリとシーバスの図式と同じように自然界の捕食のリンクには必ず理由があります。それを有効利用することで、シーバスにもっと近づけるようになるのです。

堤防に大量に残された鳥の糞の跡。こういうサインを見逃さないことも大切

潮目を見つけろ!

潮目とは、水温、水質、流れの強弱や向きなどの境に生まれる帯状の境界線です。デイゲームなら肉眼で目視できるので捜すのは容易です。この変化の境目にはベイトが集まりやすく、当然シーバスも寄ってきます。潮目は水深の浅いところでできるほどはっきりして、深いとモヤッとしやすい。シャローエリアほど潮目は重要です。そして、潮目だけを捜していればシーバスが釣れるといってもよいほど魚を集めるパワーがあります。

この帯状の潮目を、どうねらうかという明確な決まりはありません。デイゲームではシーバスの視界の範囲が広いので、ざっくりとねらえばルアーに気づいてもらえます。そのくらいアバウトでも釣れるのが潮目なのです。

オイシイ条件の潮目ですが、めまぐるしく動くものではなく、10分でも15分でも定位してくれるものがよい。あまりに動きすぎるものは魚を寄せきれません。また、釣れる潮目はだいたい同じポイントで発生することが多いという特徴があります。シャローエリアであれば、おそらく地形ともリンクしているはずです。潮目は何かしらの変化であり、そこに地形変化も加わるのであればベストな状態、間違いなく釣れる潮目といえるでしょう。

釣れる潮目とそうでない潮目の見極めは簡単ではありませんが、地形的な要素とリンクすればかなり確率は高くなるはずです。先ほどのシャローの例は間違いなく地形変化とのリンクですが、水深のあるポイントでも沖堤などでは、堤防の先端にできる潮目は期待が持てます。堤防という地形に何かしらリンクしていると考えられるからです。中途半端なところにできるものは、アヤシイ潮目です。この場合は上のレンジだけチェックして、あまり固執しないほうがよいでしょう。

潮目をねらう時は、変化の境ということを意識してください。境目には必ず強弱が生まれます。強いところから弱いところへルアーが出た時がチャンスですから、潮目の境の強弱を意識し、強いほうから弱いほうへということだけを押えておけば、釣れる確率は上がります。

前項の鳥と同じで、潮目は目視でシーバスの居場所を捜せるだけに、必ず見逃してはならない情報なのです。

潮目が生まれるとシーバスはその変化の境目につくことが多い

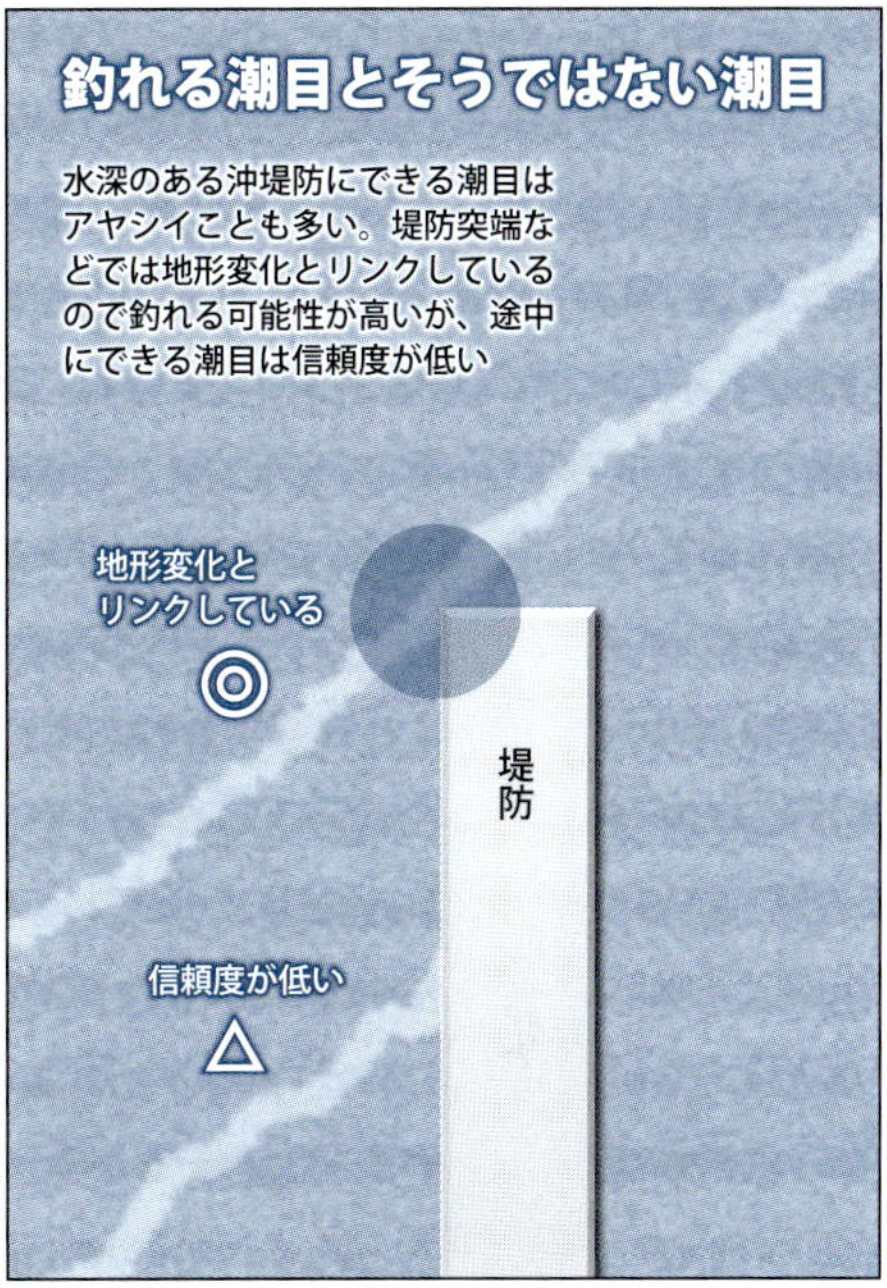
釣れる潮目とそうではない潮目
水深のある沖堤防にできる潮目はアヤシイことも多い。堤防突端などでは地形変化とリンクしているので釣れる可能性が高いが、途中にできる潮目は信頼度が低い
地形変化とリンクしている
◎
堤防
信頼度が低い
△

写真の流れの真ん中あたりに左右に走る潮目が見える。潮目が長い時間定位していればチャンスだ

シーバスに見つけられるな！

ここまで、シーバスを見つけるためのベイトや条件を紹介してきました。しかし、逆にシーバスが我々アングラーを見ていることがあるのだということも認識してください。

これは声を大にしていいたいのですが、不用意に水辺に近づきすぎていないでしょうか。シーバスフィッシングは、もともとはナイトゲームが主だったせいもあり、どうやらいきなり水際に立ちすぎているようです。ナイトゲームではシーバスの視界も利かないので問題なかったことですが、デイゲームでは完全にＮＧです。

水が濁っている時ならまだしも、クリアな時に水面に影を落とせば、それを見たシーバスは警戒もしくは避難します。派手なウエアもそうです。自然界にないような色が突然出現すれば、シーバスが驚くのは当然です。私からいわせると、これは釣りをナメているとしか思えません。渓流やライギョ釣りの人たちがかなり気を遣っているのに比べると、シーバスマンはまるでお遊びのような感じがします。

シーバスはごくごく浅い水深の岸際にいることもありますし、堤防などの際にも付きます。つまり、かなり近い位置にもいる可能性がある魚なのです。それを不用意に近づけば、間違いなく我々がシーバスを見つけるよりも先に、シーバスが我々に気づいてしまいます。

ですから、エントリーやアプローチにもっともっと気を遣うべきなのです。ウエーディングで水に入る時でも、とかく沖へと意識がいくのでズカズカと入ってしまいますが、そこにシーバスがいるかもしれません。

冗談のような話ですが、ニーブーツや長靴で釣りをしていた昔の時代なら、間違いなく手前の魚を今よりも釣っていたかもしれません。ウエーダーが当たり前になり、どんどん水に入って行けるので、手前を無視してしまうのです。確かにそれまで手の届かなかった沖の魚は確実に取れるようになりましたが、その陰で手前の魚は逃していることでしょうね。

堤防でも、とかく先端に行きたがりますが、まずは手前からチェックするべきです。そして、こちらからみすみす釣れるかもしれない魚を逃していることに気づいてもらいたいのです。もちろん、足音にも気を配るべきです。抜き足差し足忍び足、ではないですが、そのくらいの意識をもってほしいものです。

　たとえば堤防でテクトロをする時、水際ぎりぎりを歩いていませんか。私は自分の影を落とさない程度に離れて行ないます。このほうが間違いなく釣れるし、またひとりのほうがより釣れます。よく、仲間と一定間隔で離れてテクトロをしている光景を見かけますが、あれはほぼ釣れないパターンです。なぜなら前を歩く人のルアーがある位置の上に、次の人がいるからです。自分とルアーは離れているのに、そのルアーの位置に後の人がいては、全く意味がありません。それが3人、4人と続いても同じことです。まさに笑い話のような光景ですが、同じようなことを大勢の方が知らず知らずのうちにやってしまっているのです。

釣れないテクトロの例

テクトロは自分とルアーの位置が離れているほうが釣れるが、そのルアーの位置（上）に後続者がいると無意味だ。足音や人影でシーバスは警戒して食ってこない

魚は見つけるもの、アングラーが魚に見つかっては本末転倒だ。近い場所をねらう時は特に気を遣いたい

COLUMN デイゲームの定着がもたらしたもの

オープンエリアのデイゲームが定着して本当によかったと思うのは、私が心の底から日本でピカイチのゲームフィッシュだと思っているシーバスを、より多くの人が楽しんでもらえるからです。

ナイトゲームやウエーディングも面白いけれど、子供や女性まで楽しめるかというと、かなり疑問符がつきます。夜は、安全面でも気を遣うし、たぶんこれって、日本みたいに治安がいい国でしかできないことですよね。

それに別のところにも書きましたが、ナイトゲームは、よほど特殊な例を除くと、身近なベイエリアのポイントでは本当に釣れるところって、ピンなんです。これはもう仕方のないことですが、そうなるとポイントの確保が目的みたいな釣りになりがちです。ランカーが釣れることで有名な川などでは、6時間も前からポイントに待機しているなんて話も聞きます。もちろん、そういう釣りを否定するわけではないのですが、そうなるとやっぱり周りの釣り人は「みんなライバル」だと思うようになります。これはちょっと悲しいかな。

その点、オープンエリアのデイゲームは、流れを捜す中層メインの全レンジの釣りなので、ポイントを多くの人とシェアできる。有利な場所というのもたしかにあるけれど、流れ次第で魚のポジションが変わるから、自分の努力でなんとかなる面があります。お互いの顔も見えるので自然と挨拶をするようにもなるし、その人が釣れたのも見えるから励みにもなる。それは、情報としても役に立ちます。このことがシーバスゲームにとって、すごくよい循環を生んでいると思います。

考えてみれば、メジャーになった釣りはみんなデイゲームです。バスはナイトゲームが禁止だし、アオリイカも、デイゲームが始まってから急速に一般の人に広がっていきました。マニアックな釣りは私も人一倍好きだし、今もやっています。一方で、デイゲームが広がることでシーバスという魚がメジャーになり、面白さが認知されるのは、この魚が大好きな自分にとっては一番うれしい。

そんなトレンドの一翼を担えることは、私にとっても、大きな誇りになっています。

デイゲームの広がりとともにシーバスの世界は一気にメジャー化した

明るい時間帯ならより多くの人が安全に釣りを楽しめる

6章 擬似る

Lures

ルアーは擬似餌ともいわれるように、シーバスのエサとなるベイトフィッシュを模倣したものです。それは、サイズ、シルエット、カラー、アクション、さまざまな要素が複雑に絡み合って1つのルアーという形になっているのです。

釣れるルアーとして知られる名作には、必ずその時代に見合った確たる理由があります。それはシーバスルアーの進化でもあり、シーバスシーンの拡大でもあります。時に革命的な、ターニングポイントと呼べるような名作も、理由を知れば納得の結果なのです。この先もそういう名作は生まれることでしょう。

ラパラシリーズ

ラパラといえば、スズキをルアーで釣るという現在のシーバスフィッシングのきっかけになったルアーです。何を隠そう、私もラパラのＣＤ９（カウントダウン９）で生涯初のシーバスを釣りました。多くのシーバスアングラーが思い出をいくつか持っているほど、実績と知名度を兼ね備えたルアーです。そして、今でもナンバーワン・ルアーの可能性を秘めた名品です。

ラパラのすごさはそのアクションの秀逸さです。低速でも高速でも、誰が使っても安定したアクションで泳ぐことに尽きるでしょう。そして、バルサ素材による適度な音のなさ、シーバスが食い頃のサイズ、シルエットがぴったりマッチしたのだと思います。基本的にシーバスは音がするものが嫌いです。バルサ素材で無音に近いラパラは、まさにシーバスフィッシングにはベストなルアーだったのです。

当時のタックルは、ナイロンラインに25 lbリーダー、今とは比べものにならない名前だけのシーバスロッドに大型のスピニングリール。はっきりいって、現在のように飛距離云々は重視されておらず、岸から25ｍも飛べば釣れたのです。そういった接近戦の時代、手近な場所でスズキが釣れることを教えてくれたルアーでもあります。飛距離さえ度外視すればその秀逸なアクションは、食わせることに関してはシーバスにドンピシャでした。

今の時代は飛ぶことに重きをおいていますが、それほど飛ばないラパラが釣れたのは、短い距離の間にそれだけアクションした、シーバスを誘うことができたということにほかなりません。そして、カウントダウンというちょっと入るレンジも、ドンズバでした。

ならば、プラスチックで現在の技術で、よくアクションするルアーを作ればと思われるかもしれませんが、それは現実には存在しません。やはりバルサ素材特有の微細なアクションは、そう容易くマネできるものではないのでしょう。これがラパラの謎、すごいところで、今でもナンバーワンになり得る所以なのかもしれません。

当時のラパラはフィンランド製でした。その後、アイルランド製になりと変遷していきますが、やっぱりフィ

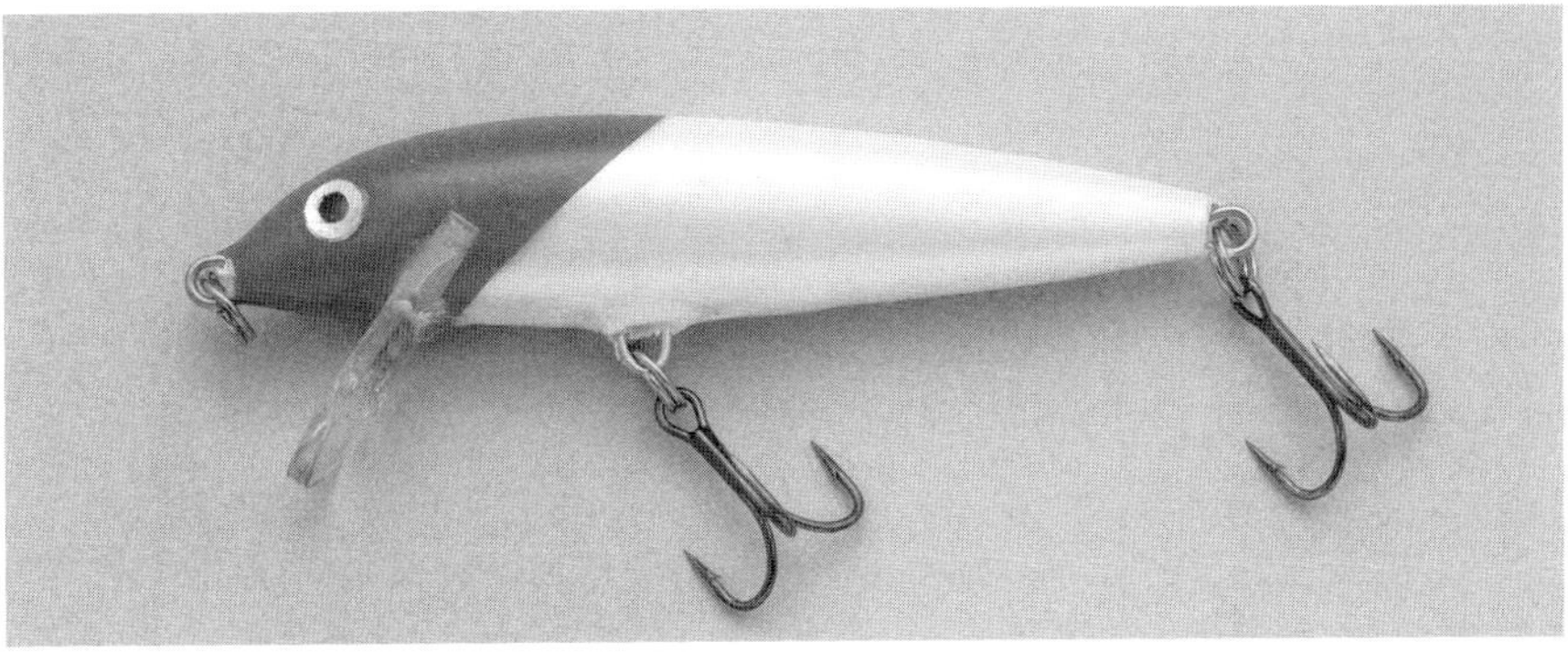
フィンランドが生んだ偉大な名品、ラパラ

ンランド製がよかったですね。バルサとコーティングの質が違い、凝っていました。それに作者の魂がこもっていたように思います。私は今でもフィンランド製を見つけたら買ってしまいますし、使うこともあります。

ラパラはシーバス用に特別に作られたわけではありません。漁師であったラウリ・ラパラが、自分の漁のために作っていたルアーです。それがこれほど日本のシーバスにマッチしたのは、バルサという質感がハマッたからにほかなりません。食わせる能力に優れたバルサ素材に、シマノのＡＲ－Ｃを組み込んで飛距離が出せるなんて夢のような話が実現したら面白いですね（笑）。

みんながラパラを使えばシーバスが釣れたという事実は、その後のシーバスルアーにも大きな影響を与えたのですが、ラパラのカラーリングもまた現在に継承されています。コンスタンギーゴや、ジャパンスペシャルのコットンキャンディのような、「何でこの色なの？」といったカラーから、赤金、青銀、黒銀、ボラ、マッカレルなど、今あるルアーカラーの礎もラパラです。ラパラには、シーバスが釣れるルアーのヒントがぎっしり詰まっています。ですから、今一度、使ってみると新たな発見があるかもしれませんよ。

K・TENブルーオーシャンシリーズ

K・TENとはK点、つまり危険なほどまでに飛ぶというイメージからのネーミングです。タックルハウスのルアーデザイナー・二宮正樹さんが1987年に考案したマグネット装着全自動重心移動システム（K・TENシステム）を搭載したルアーシリーズです。

これは日本製ルアー時代の幕開けともいえる大きな転機でした。今では重心移動は当たり前ですが、ラパラのように固定重心しかない時代に登場したK・TENシリーズは、それまでのルアーフィッシングの概念を覆すほどの大きな衝撃でした。最大の売りである飛距離は、これまでのルアーの1・5倍くらい飛ぶようになった感覚を覚えています。

当時は風に弱いルアーばかりの中、このK・TENシリーズは風を切り裂いて飛んでいってくれたので、いっときはこのルアーばかりを投げていましたね。カウントダウンや、今でも使うことのあるリップルポッパーなど、これだけあればいつでもシーバスが釣れたという記憶があります。

K・TENシステムは簡単にいうと、キャスティング時にはウエイトがテイル部に移動して飛距離をかせぎ、着水すると同時にウエイトは頭部に移動し、マグネットによって固定され、ルアー本来のアクションを演出してくれるというものです。

4半世紀以上前に誕生したK・TENシステムは、この後さまざまな形で他メーカーが追随しました。ウエイトルームに工夫を凝らしたり、ワイヤースルー方式であったり、さらに、現在ではバネの力のAR・Cにまで至っていますが、それもすべてはこのK・TENシステムから始まったもの。これを機に日本製ルアーが進化を始めると、それまで外国製に頼っていたルアーフィッシング・シーンも大きく様変わりしました。

ルアーフィッシングにおいて、ルアーが飛ぶことが釣果アップの最大の決め手となることを我々アングラーに教えてくれたのは、このK・TENブルーオーシャンシリーズです。そして、それは今でも続く永遠の命題でもあるのです。

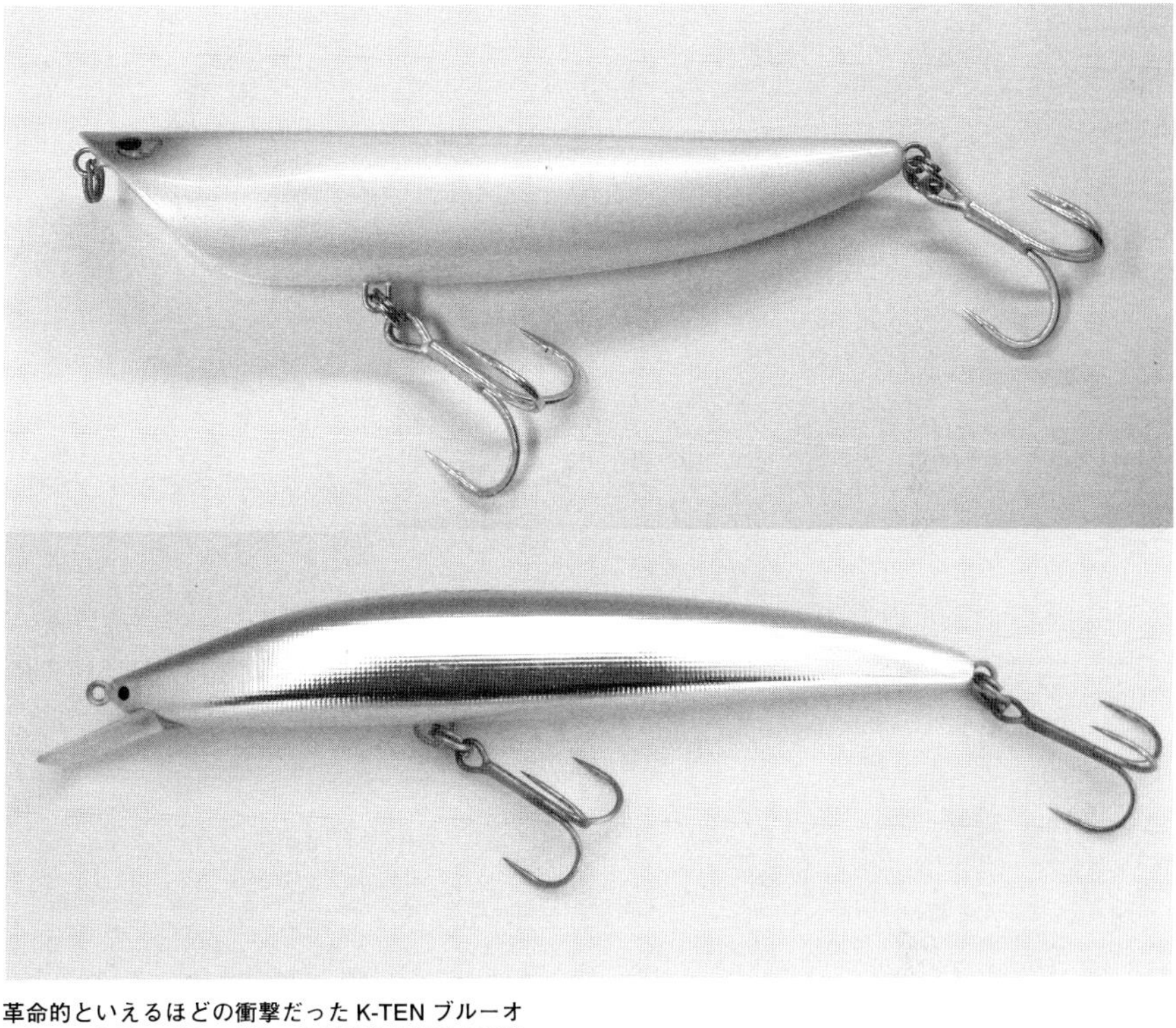

革命的といえるほどの衝撃だったK-TEN ブルーオーシャンシリーズのマグネット装着全自動重心移動システム。リップルポッパー（上）はいまだに現役で活躍してくれる。K-TEN の冠は K2F（下）などのセカンドジェネレーションに受け継がれている

imaコモモSF・125

1990年代の終わり、にわかにシーバスがブームになっていた頃に登場したリップレスシャローミノーです。はっきりいって、このルアーが登場した時の第一声は「なんやねん!」でした。それまでのルアーはリップが付いてブリブリ泳ぐもので、シンキングミノーやフローティングミノーが主でした。ところが、コモモはそういった概念の範疇《はんちゅう》から飛び出した、ごく浅いレンジを引くシャローランナーだったのです。

このルアーの登場は、レンジの重要性を気づかせてくれました。当時、浅いレンジを攻略するにはフローティングミノーを使用していました。イメージとしては水面から50㎝くらいをねらっていましたが、実際はもっと深いレンジ、1m以上を泳いでいたのです。

本当のところをいうと、この時代、それほど深いレンジ、浅いレンジというシビアな攻略はしていませんでした。もっとざっくりとした攻略だったと思います。ところが、コモモは水面から30㎝以内というごく浅いレンジで、めちゃくちゃ釣れることを教えてくれました。シーバスはエサを食うためにシャローに入ってくるというメカニズムを、このルアーが実証したわけです。

これは当時主流だったナイトゲームの話ですが、ルアーといえばリップ付きという固定概念が浸透していたなかで、リップのない棒のようなルアーが実はゆっくり泳がせてアピールするという、今までにないシーバスフィッシングの攻略パターンだったのです。そして、今までねらうことのなかった川や干潟、サーフなど、シーバスのフィールドは格段に広がりました。

スローでしか使えない、ナイトゲームに特化した狭い範囲の使いにくいルアーですが、ナイトシーバス・ゲームの王道でした。それを切り開いたということでも、本当に驚きのルアーだったのです。

さらにこのルアーのすごいところは、流れを感じる能力を備えていたことです。今でこそ流速の釣りという言葉が当たり前に使われますが、当時はまだ、流れがシーバスフィッシングのキモになることすら知り得なかった時代です。

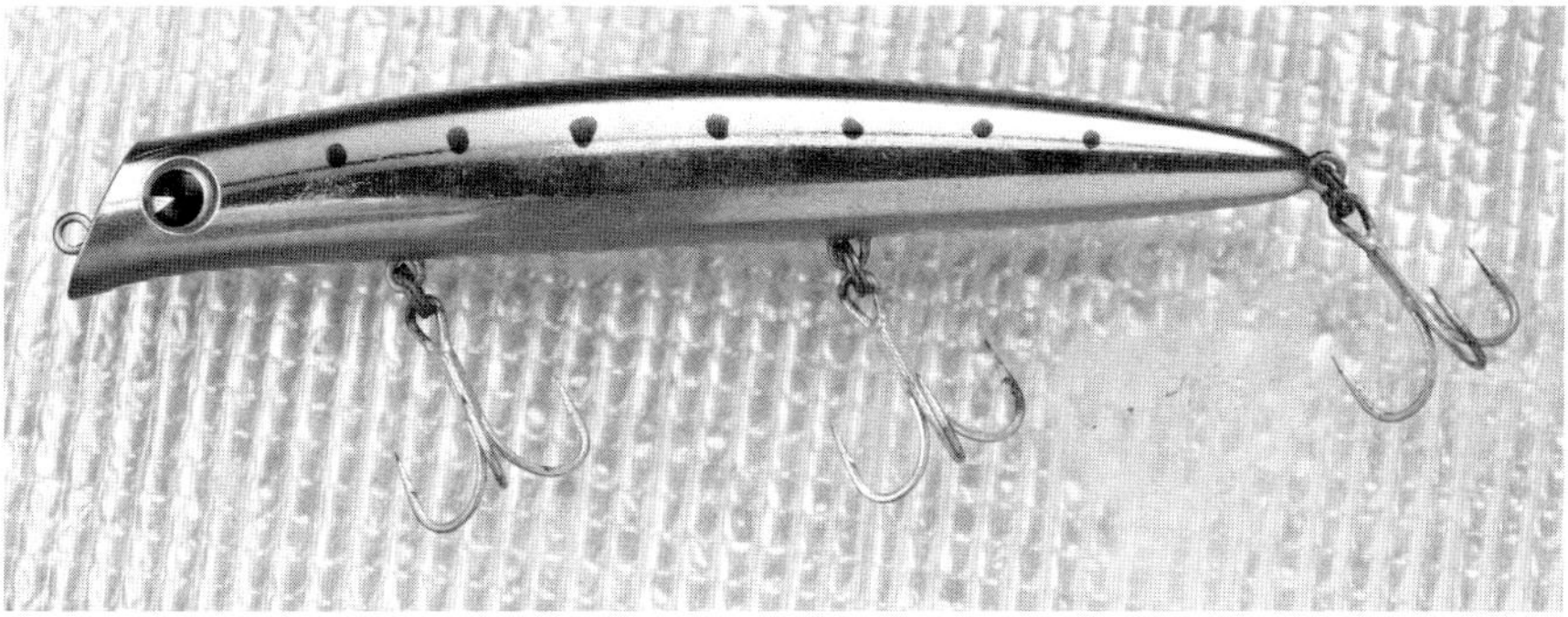

ima コモモ SF-125 は、千葉県内房・盤州干潟で生まれたシャローエリア攻略の申し子だった

水面から 30cm 以内という浅いレンジの攻略によって、フィールドは格段に広がった

このルアーは、千葉県内房の盤州干潟で生まれました。まさにシャローエリアで流れがポイントです。ここを攻略するために必然的に生まれたのでしょうが、流れの変化を捜してシーバスを釣るという、現在にも通じる普遍の法則を世に知らしめたルアーでもあるのです。

ナイトのシャローゲームは、大型が釣れることも相まって一躍大人気に。そして、このタイミングでPEラインの釣りが浸透したことも、流速の釣りを確立できた一因です。この流速変化を理解できたことで、飛躍的に釣果が伸びたのです。

ワンダー

このルアーも驚きのルアー、度肝を抜かれました！

当時「全く動かないルアーでめっちゃシーバスが釣れるらしい。しかもそれはバス用のペンシルみたいで、沈むらしいで」みたいな噂《うわさ》が仲間から回ってきました。それがこのルアーとの出会いです。

個人的には、その噂を全く信用していませんでした。完全否定から入りました。全く動かないルアーなんて、シーバスが食うわけないと考えていたのです。振り返ると、バスよりもシーバスのほうに圧倒的な威力を発揮したんですけどね……（苦笑）。

ワンダーは、いわゆるシンキングペンシルの走りです。ゆらゆらと揺れる程度の動きしかでません。ルアーというのはプリプリと動くものと考えていた当時の私には、全く理解できなかったのです。

このシンキングペンシルが大活躍したのが、バチ抜けパターンです。今でこそ定番のおいしいパターンですが、当時はあれだけ魚がいるのに全く釣れない、2時間ボイルしっぱなしなのに、やっとこさ1尾釣れるくらいの釣り。今でいうサヨリパターンみたいな位置づけでした。それを完全に攻略できたのがワンダーなのです。全く釣れなかったのが180度ひっくり返したように釣れだしたのですから、シーバス人生の中でもそれこそナンバーワンといえるくらいの衝撃でした。

シンキングペンシルはミノーとは違い、ボディーでアクションを引き起こします。それは非常にゆっくりとした、のらりくらりとした動きです。これがバチの動きにドンピシャで、まさにマッチ・ザ・アクションだったわけです。偶然なのか必然か、ワンダーという名前どおりの驚嘆でした。

ほぼノーアクションのこの動きは、ミノーの激しい動きにスレたシーバスにも有効なことが次第に広まり、シンキングペンシルというカテゴリーが定着しました。さらに、流水域でのドリフトなどシンキングペンシルの使い方は広がりました。

私はこのルアーの登場で、釣れないシーバスはもういない、もし釣れなければ、それはアングラーがアジャス

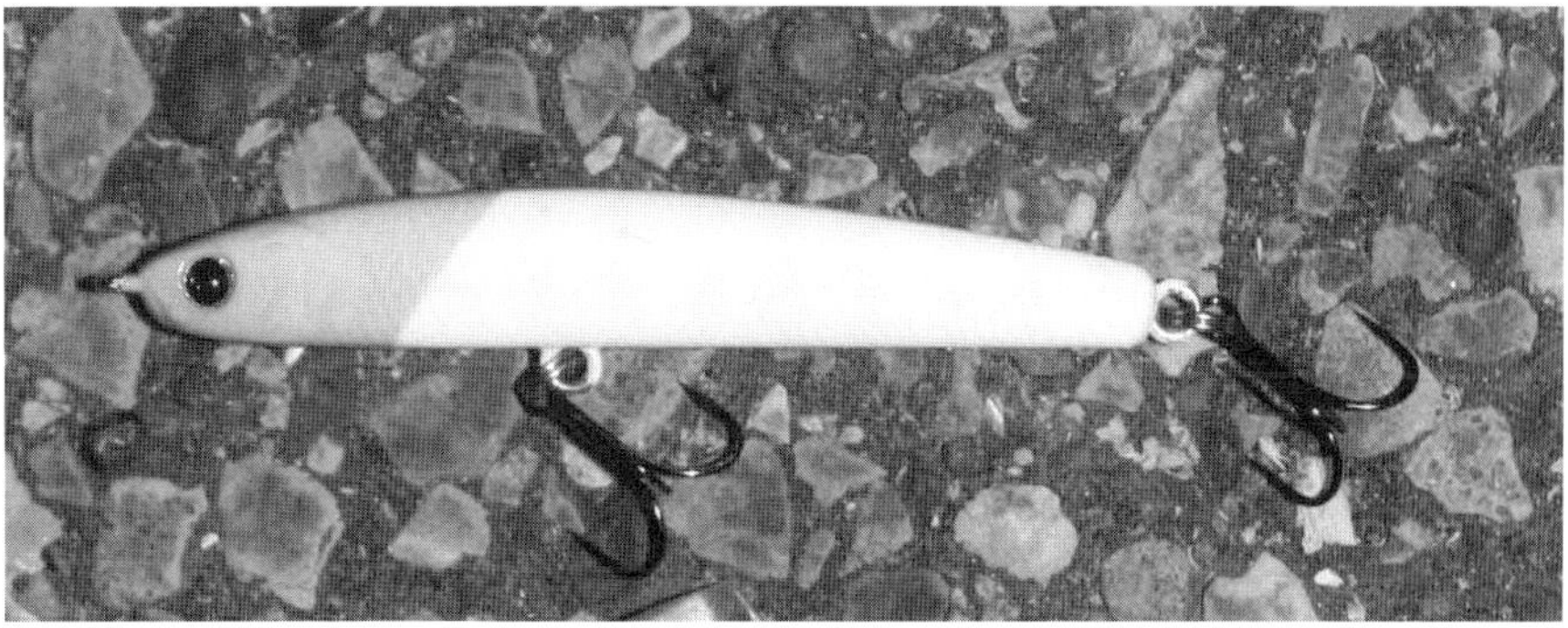

ワンダー。非常にゆっくりでのらりくらりとした動きはバチのそれにドンピシャ。まさにマッチ・ザ・アクションとしてハマッた

トしきれていないだけなんだということを強く感じるようになりました。そのことは現在も強く意識しています。

今はなかなか釣れないパターンでも「いつしか釣れるようになる」と信じて釣り続けるようになったのは、このルアーとの出会いがあったからなのです。

難攻不落だったバチパターンをこのルアーは完全にひっくり返した

アイアンプレート

現在大流行の鉄板系バイブレーションのパイオニアです。自分でいうのもなんですが、ここまで大きな広がりを見せるとは思いませんでした。それくらい、今は猫も杓子《しゃくし》も鉄板系です。

鉄板系が急速に拡大したのは、鉄板系バイブレーションが理に適《かな》いすぎるほどシーバスのデイゲームにマッチしたからにほかなりません。それは小型で重さがあり、そして波動が強いことです。小型であることから食わせる能力が高い。重さがあることで飛距離が出て釣れる。強波動でアピールが強くシーバスを寄せる能力に優れている。シーバスを釣るために必要な条件が盛り込まれているからなのです。小型でここまで強い波動を出せるルアーは現在、ほかに存在しません。

この波動が魚を呼ぶ証拠に、シーバスだけではなく他魚種もよく釣れます。さらに、バイブレーションだからこその優れた面があります。それは誰でも使えることです。キャストして巻いてくる時に起きるバイブレーションが確実に手元にブルブルと伝わる。この安心感が、老若男女、誰もが使える理由です。ある程度釣りを経験した一部の人にしか使いこなせない特殊なルアーではないこと、これが最大の特徴なのです。

バイブレーションは非常に人気の高いルアーです。現在のシーバスシーンのトレンドで、全国的な展開を見せています。それだけにバイブレーションに求められる要求は高くなるわけですが、メインの要素はやはり「釣れるか、釣れないか」だと思います。アイアンプレートは、それをクリアしているからこそ、ここまで人気のルアーになり得たと考えています。

広く万人に使われるルアーは、それだけ広い要求に応えなければなりません。同じような鉄板系バイブレーションが増えていく中、不動の地位を確立していることこそ優れたルアーの証ではないでしょうか。

このルアーを作ったことで、自分自身の釣りも変わりました。それまでデイゲームでメインにしていたブレード系の「パワーブレード」よりもスピーディーにゲームを展開できるようになりました。

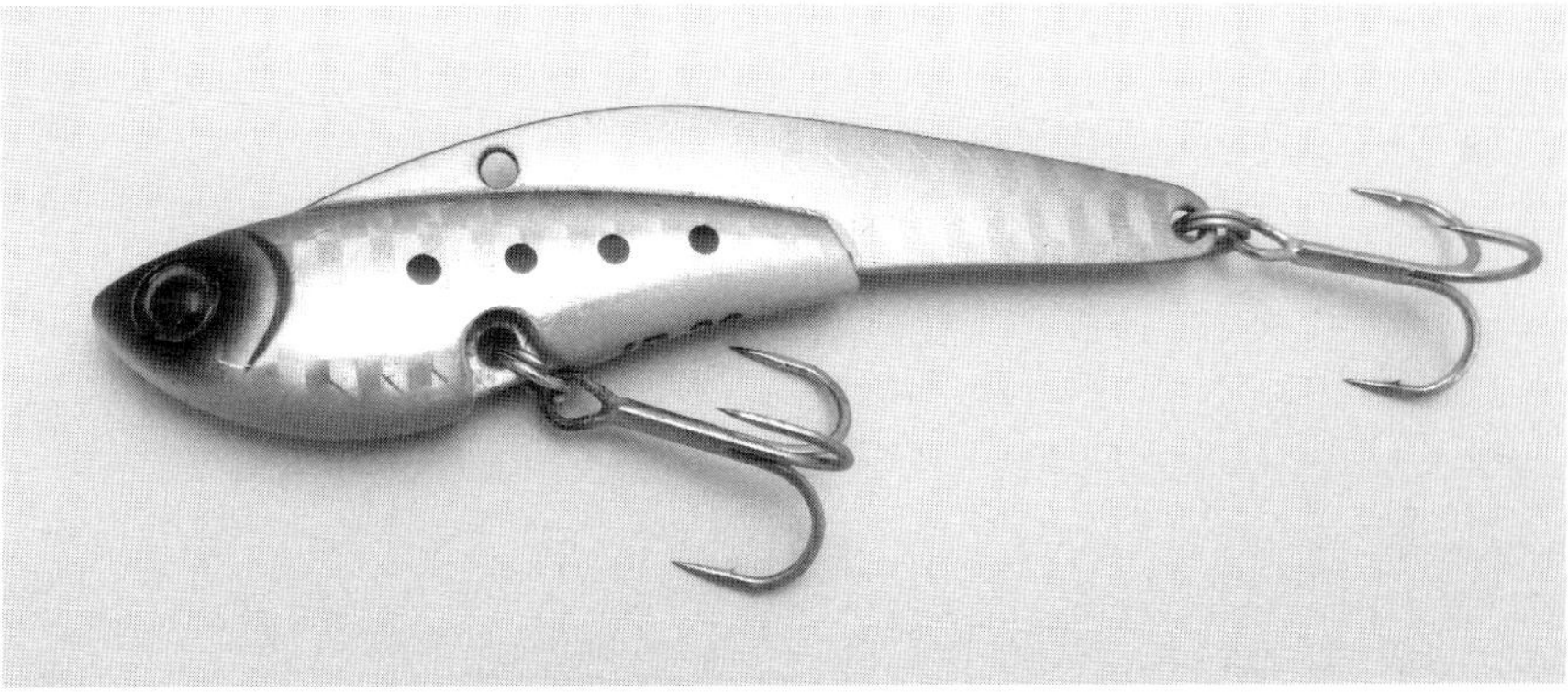

鉄板系バイブレーションのパイオニア、アイアンプレート

老若男女、使い手を問わず効果は絶大

実はこのアイアンプレートには、ちょっとしたマニア受けする要素を盛り込んでいます。それは、バイブレーションなのに流れを感知する絶妙な引き心地を備えていることです。シーバスの居場所を教えてくれる流れを感知できるバイブレーションは、さほど多くはありません。まさに釣れる叡智《えいち》を詰め込んだ最強ルアーなのです。

バイブレーションジグヘッド

シーバスフィッシングにおいてワームが市民権を得だしたのは、デイゲームの普及が大きいですね。木から始まったルアーがプラスチックや鉄になり、行き着く先がゴム素材と考えれば、このルアーは次世代に期待できるルアーです。

ジグヘッド＋ワームの存在自体は、目新しいものではありません。ただ、従来のジグヘッドとワームは、それぞれ別々の製品を組み合わせている感が強くありました。それらを1つのものに融合するというコンセプトで開発しているのが、このバイブレーションジグヘッドなのです。ジグヘッドもワームも、このコンビでなければ生まれないアクションを最初から想定して専用開発したのです。

通常、ジグヘッド＋ワームのコンビは、ワームにアクションを任せているものがほとんどです。ワームの形状や硬さでジグヘッドワームの性格が決まっています。バイブレーションジグヘッドも、もちろんワームの力に頼っていますが、ジグヘッドと組み合わせることで独自のアクションを発生させるようにしました。そして、そのアクションが釣れるバイブレーションの動きなのです。

テスト段階では、ほんとによく釣れています。自分でもビックリするくらいです。これまで、いたけど口を使わなかった魚、スレている魚が、根こそぎ釣れるほどの釣れっぷりです。軟らかいゴム素材がバイブレーションすれば間違いなく釣れるとは思っていましたが、あまりの威力に自分で驚いているところです。

それだからこそ、中途半端なものを出すわけにはいかないという思いから、本来であれば2014年の春に発売する予定だったものを1年延期し、万全な状態で世に出すために最終テストを繰り返しています。

ワームはそのナチュラル感では、プラスチックや鉄を凌駕《りょうが》します。アピールは弱いので寄せに関しては鉄板系に分がありますが、食わせることに関しては、ある意味ルアーの最終形態ともいえます。そのワームがここまで来たかという未来形ルアーがバイブレーションジグヘッドなのです。

バイブレーションジグヘッド。このコンビで使用することを前提として開発した

ジグヘッドとワームの一体感が釣果を呼ぶ

カラーの力と怖さ

ルアーのカラーはすごいパワーを持っています。シーバスを寄せる色もあれば、逆に警戒させる色もあります。その時のベイトフィッシュに合わせるのが基本ですが、それだけではないのがルアーフィッシングの難しさでもあり、面白さでもあります。

色は視覚として目に最初に飛び込んでくる情報ですから、人間もパッと見て警戒することがあるように、シーバスが瞬間的に嫌うような色ではどんなに素晴らしいアクションのルアーでもアウトです。これがカラーの怖さです。市販ルアーにさまざまな色があるのは、多様な状況に合わせるためでもありますが、なかには実際にカラーテストを充分に行なっていないのでは？　と感じるものもあるので気をつけたいところです。また、アングラー側が勝手な好みで釣れそうだと思い込んでいるものもあります。はっきりいって、「この色が好きだから」「釣れそうだから」という個人的な好みでカラーチョイスしていてはダメです。

カラーには、これまでの実績から定番があります。たとえば、常夜灯や月夜など明るさのあるナイトゲームでは間違いなくクリア系です。バチ抜け時のホログラム系はNGに近く、地味な茶系のベタ塗りのカラーに分があります。また、ドチャートやドピンクなど奇抜なカラーは、極端にハマる場面もありますが、それ以外での出番は皆無です。

このように、シチュエーションに合わせたカラーチョイスはアングラー側が考えるよりも非常にシビアです。特にデイゲームではより顕著です。シーバスは少しでも違和感を覚えるとルアーを警戒します。どんなに釣れるといわれるルアーでも、カラーが合っていないだけで釣れないルアーになってしまうのです。

面白いことにカラーで生まれる差は非常に極端です。定番といわれるレッドヘッドはよく釣れるカラーですが、このヘッドとボディーの色を逆にしたら全く食いません。レッドヘッドの派生カラーにはピンク、イエロー、ブルー、ブラックなどがありますが、ブルーとブラックは極端に食わなくなります。でもブルーバックにすると釣れ

ルアーにはさまざまなカラーがある。それらはもちろんシーバスにアピールするためのものだが、時と場合によっては逆効果となることも

る。縦ホロも横にしたら食いが落ちます。明確な理由は分からないこともありますが、不思議なくらいカラーで差がでるのです。それくらいシーバスは色を見ている証拠です。

魚は色を認識できないといわれたりもします。確かに人間と同じようには見えないでしょうが、明らかに色を認識しているのは間違いないところ。カラーは魚を寄せる力があるのと同じくらい、散らす力もあるということを覚えておいてください。

マッチ・ザ・ベイトはマッチ・ザ・カラーでもあることを忘れずに

本当のルアーローテーション

シーバスをスレさせないためのルアーローテーションは重要です。カラーであったり、ルアーの種類であったりと、変化をつけることで魚に見切られないようにします。しかし、これでローテーションしているとは実はいえないのです。たとえルアーやカラーを変えたところで、同じ立ち位置で同じ動作を繰り返していれば、それこそがシーバスをスレさせる大きな要因となります。同じ場所で同じようにキャストして、同じように巻いてくる。これを繰り返すと、その軌道にシーバスはスレてしまうのです。

回遊待ちではそれでもまだ問題ありませんが、そうでない場合、私はベストな流れの変化を捜しながら、1投ごとに2～3歩動いてちょっとずつルアーを通す角度を変えたりしながら、ここぞというベストポジションを探っていきます。絶対にここで釣れるという立ち位置が決まっている場合は別にして、もっと動かないといけないと感じています。自由に動けるスペースがない場合などは、ルアーやカラーのローテーションに加え、キャストに変化をつけることです。いつでもフルキャストではなく、70%であったり、50%にしたりして、ルアーの軌道を変えることです。1ヵ所で同じことをしすぎないことが大切だ、と覚えておいてください。

これは状況を探る段階ではかなり重要なことです。ポイントに着き、釣れそうなところにポジショニングして、ずっとそこで釣れるのを待つ。これではその日のベストポジションを見つけることはできません。偶然当たる宝クジを待っているようなものです。

自分から動いてこそ分かること、見えてくるものがあります。何がベストなのか分からない、という方もいるでしょう。それでも動くことで何かしら違った答えが返ってくることがあります。シーバスからのバイトであれば、それが正解なのです。

私の場合、ベストなポジションを探っている段階では、ルアーローテーションはほとんどしません。ローテーションはここぞというポジションを見つけてからです。これが、本当のルアーローテーションなのです。

真のルアーローテーションは釣り場でのアプローチと一体となって生み出されるもの

アングラーの取る行動のすべてのなかの１つにルアーローテーションは含まれていく。ただカラーを変えただけでは充分ではないのだ

マッチ・ザ・ベイトは間違いなく存在する

シーバスフィッシングの基本ともいえるマッチ・ザ・ベイト。これは読んで字のとおり、シーバスが捕食しているベイトフィッシュにルアーを合わせることです。特にルアーサイズとシルエットを意識することが重要で、小さいボラやイワシを食っている時に大きなルアーはNGですし、サッパやコノシロのようなファットなベイトを食っている時に細身のルアーでは見向きもされません。逆にサヨリがベイトの場合は、太身のルアーではダメなのです。

実際の釣りではイレギュラーなパターンも存在しますが、ナチュラルに食わせるには、マッチ・ザ・ベイトは最重要な理論なのです。特にナイトゲームはその傾向が色濃くでます。バチ抜けやコノシロのパターンでは、年々その傾向が顕著になっています。

シーバスは、我々アングラーが想像する以上にルアーをしっかりと見ています。自分が食うエサと何か違和感を覚えると食うことに躊躇《ちゅうちょ》したり、見切ったりします。サイズに関しては、多少の差異はベイトの個体差にもありますが、シルエットはみな同じです。そのためシルエットに関しては、よりシビアになってきます。

さらに、ここに泳ぎの質が加わってきます。イワシなどの小魚は横方向の泳ぎですから、ルアーも同じように引いてきます。エビやカニなどの底生生物などは、ボトムでのリフト&フォールになります。ルアーもバイブレーションなどシルエットを似せます。このように、マッチ・ザ・ベイトすることがつまりベイトパターンとなるのです。

マッチ・ザ・ベイトの本質は、環境にマッチさせることです。河川のドリフトも、要は自然の流れに、環境になじませるからこそ効果的なのです。ビッグベイトで釣れる時も、落ちアユの時期だからシーバスも大きなアユが流れてくることを意識している環境にマッチしているからなのです。

リアクションで食わせることも確かに存在しますが、シーバスフィッシングの王道はマッチ・ザ・ベイトなのです。

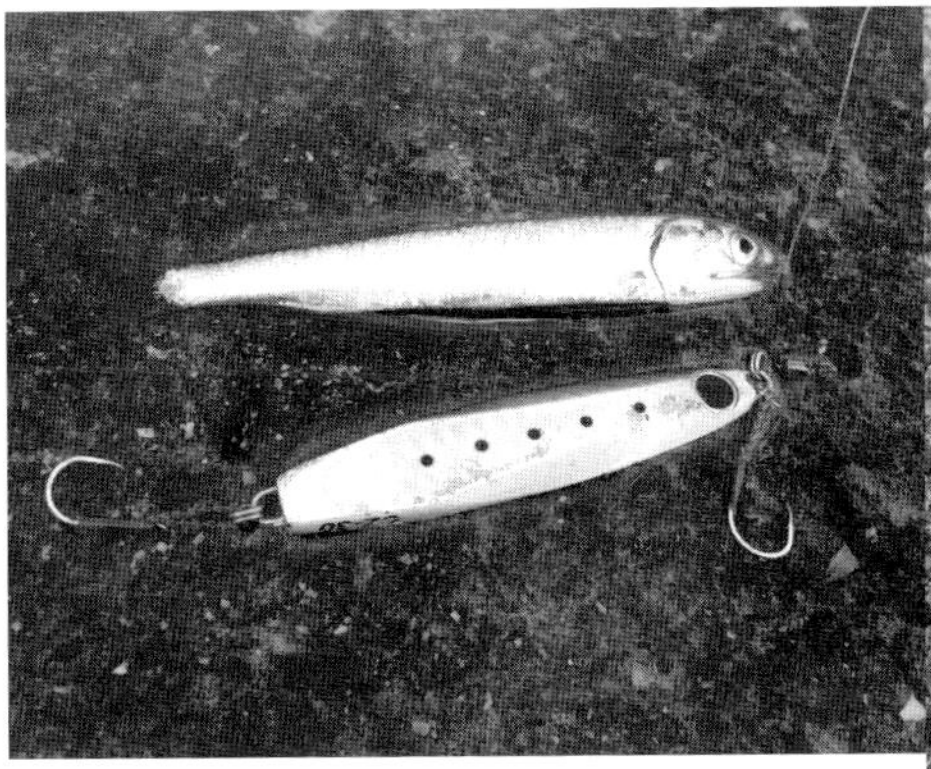

シルエットはマッチ・ザ・ベイトで大切な要素の１つだ

マッチ・ザ・ベイトはシーバスをナチュラルに食わせる最強理論である

ルアーアクションは永遠のテーマ

先のマッチ・ザ・ベイトの続きになる話ですが、ルアーのサイズやシルエットの次に合わせなければならないのが、ルアーのアクションです。よくルアーアクションというと、ローリングやウォブリングという言葉が使われますが、そのどれがよい、どうシーバスに効果的なのかというのは一概にはいえません。ですから、ここではルアーがそのような動きをするという目安としてとらえておくにとどめておきます。

それ以上に、はっきりとしたアクションによる差異が生まれるパターンが、バチ、ボラ、サヨリがベイトの時です。この3パターンだけは、アクションまできっちり合わせないと全くといっていいほど釣れません。つまり、アクションまで含めてのマッチ・ザ・ベイトができていないと釣れないということです。

バチ抜け時は、ブリブリと動くルアーにシーバスは全く反応しません。これはバチが自力での遊泳力が弱く、スーッと泳ぐからです。近年はさらにシルエットに対してもシビアで、まさに棒のように細くほぼアクションしないものがよいと、はっきりしています。

ボラがベイトの時は、ややファットなタイプのルアーで、狭い距離でドタドタと水押しするものが圧倒的です。サヨリの時は、細めであまり動かないもの。サヨリのようにトーン、トーンという動きが演出できるものを合わせていきます。

よく、○○パターンにはこのルアーが強いといわれる例がありますが、それらのルアーには必ず共通するアクションが備わっているはずです。こうした面からルアーセレクトを考えられるようになれば、実際のチョイスにも役立ちます。

見た目は同じようでも、アクションが違えば釣果に差が出ます。ルアーを製作している時も、ちょっとした差で釣れる・釣れないがでるので、これは間違いのない事実。100%完璧にベイトフィッシュを擬似ることはできないかもしれませんが、近づくことはできます。ルアーアクションはまだまだ突き詰められていない、永遠のテーマです。

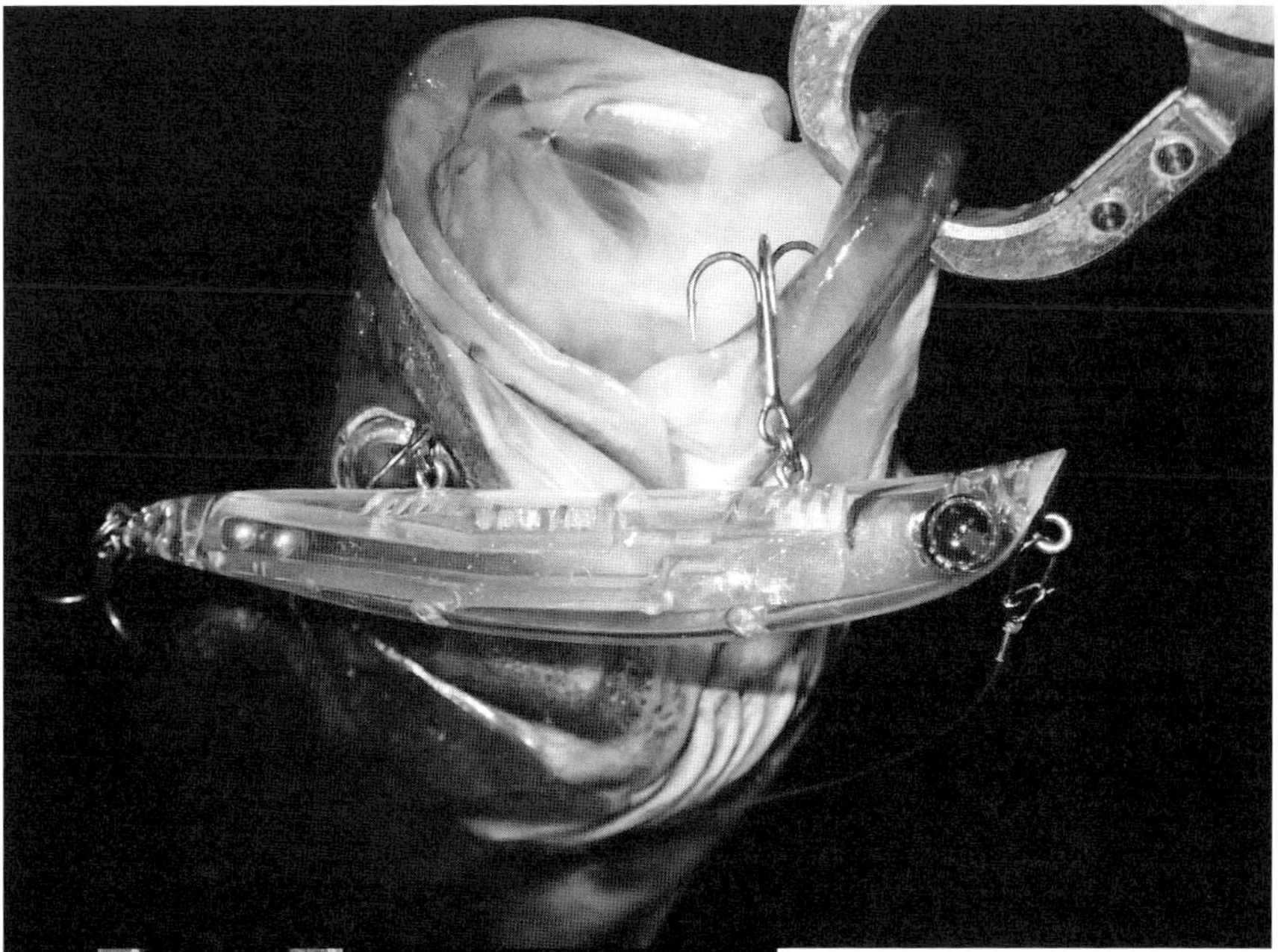

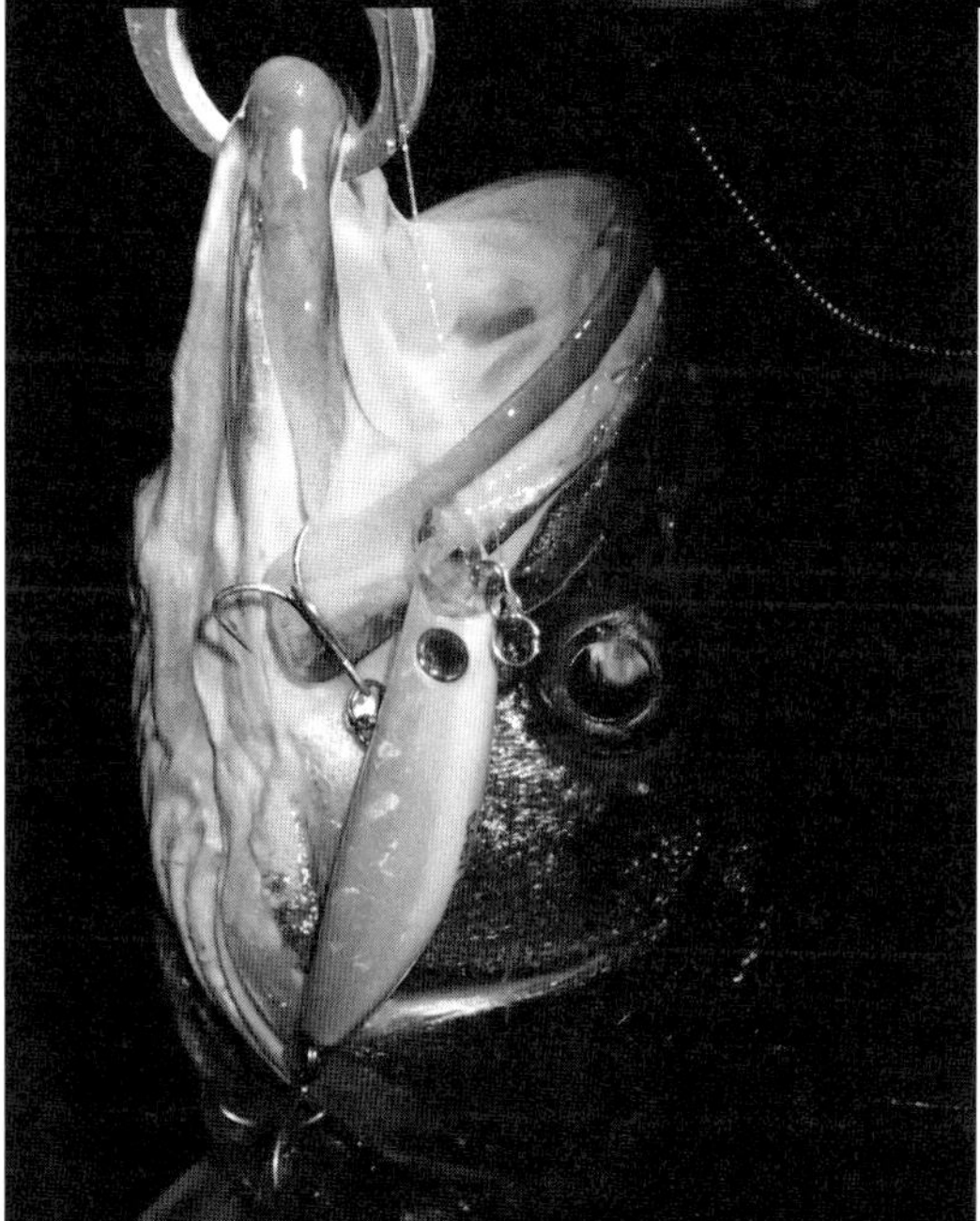

状況にマッチしたアクションで
ベストの結果を引き出したい

レンジは大胆に考えよう

シーバスを釣るうえで非常に気になるレンジ。細かいシビアな攻略が必要になってくる場合もありますが、まずはざっくりと大まかに考えてください。ここでは水深が8ｍある運河やベイエリア、あるいは4ｍの河川と想定します。まず、ナイトゲームの場合は表層かボトムです。はっきりいって中層は捨ててもOKです。暗い中層にシーバスがエサを求めて泳ぎ回るということはほぼないからです。そしてボトムは9割方、リフト&フォールになります。ボトムをゆっくり等速直線でということは、ほとんどありません。シビアになるのは表層から50㎝の範囲を探る時だけです。私の場合、表層のレンジを刻める3種類のミノーと、ボトムを探れるバイブレーションだけあればこと足りる場合もあります。

デイゲームは、逆に全レンジです。ですが、これを細かく探る必要はありません。シーバスのほうでルアーを見つけてくれるからです。水面直下はそれほど重視せず、ざっくりと上中下を探れば問題ありません。「今日はやたらと5ｍラインだけ食うな」とかはありませんから、ざっくりでよいのです。

デイでもナイトでも表層とボトムが外せないのは、そこに面があるからです。シーバスがベイトを追い回すなか、行き止まりとなる水面や底面があるから捕食しやすいわけで、このどちらかに偏るということは多々あります。そのため表層とボトムは攻略がシビアになるのです。表層の場合は水面がベタナギの時や、風などでさざ波が立っている時で、数㎝単位で食う・食わないの差が出ることもあります、ボトムでは、底スレスレがよい時もあれば、底から少し浮き気味の時もあるので、この2つのレンジだけはシビアになります。

細かいレンジコントロールは難しいものですが、せめて大まかなねらうべきレンジの考え方を知っているだけでも、ねらいが絞れます。ナイトゲームは上か下、デイゲームは上中下とシンプルに考えてください。シビアな状況というのは存在しますが、それはレアケース。細かいことを気にしすぎると、逆に王道を見失います。基本は大胆なレンジ攻略で充分なのです。

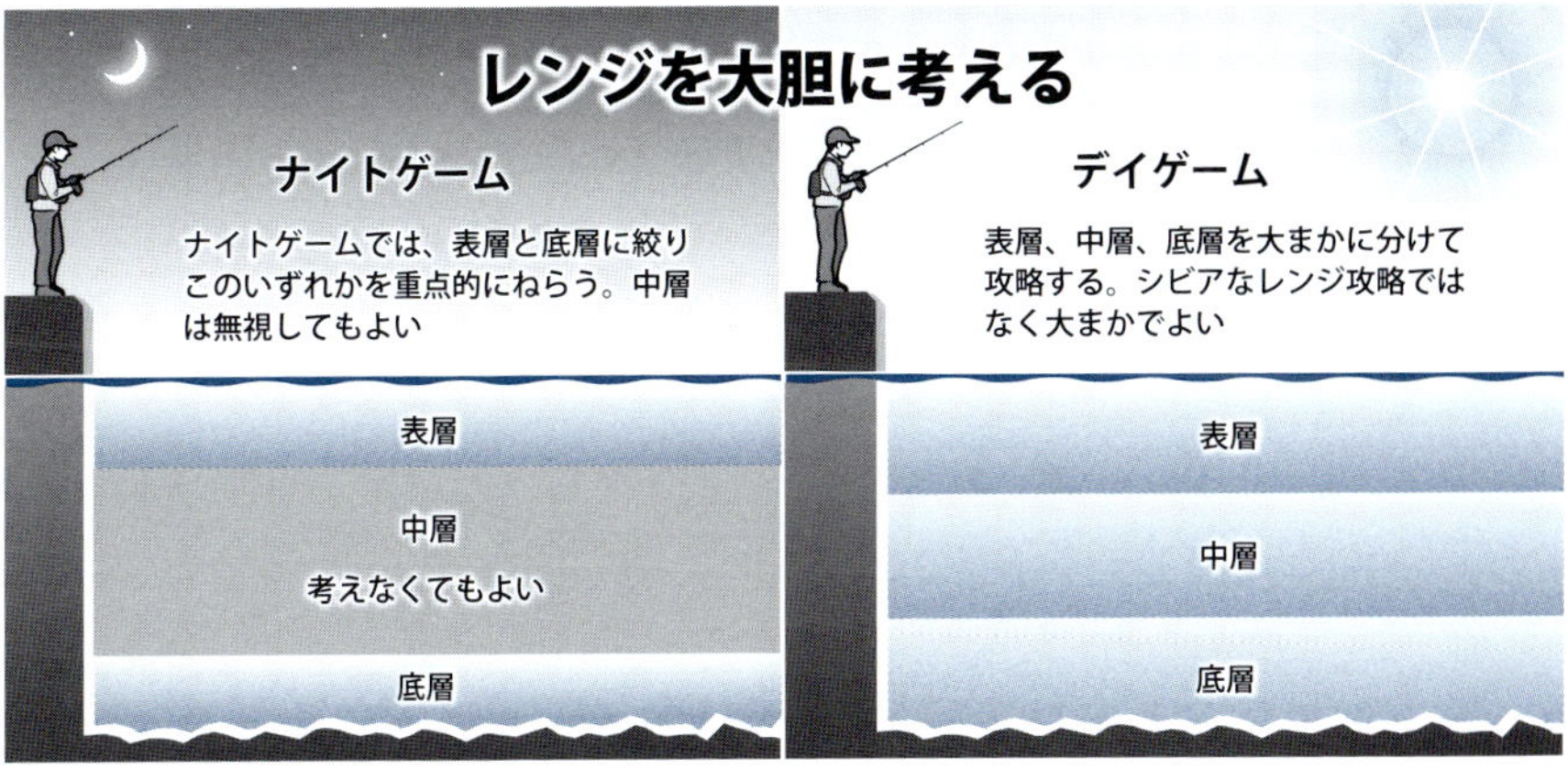
レンジを大胆に考える
ナイトゲーム
ナイトゲームでは、表層と底層に絞りこのいずれかを重点的にねらう。中層は無視してもよい
表層
中層
考えなくてもよい
底層
デイゲーム
表層、中層、底層を大まかに分けて攻略する。シビアなレンジ攻略ではなく大まかでよい
表層
中層
底層

COREMAN

デイゲームは全レンジ、ただしざっくりとしたとらえ方で

COLUMN メーカーを立ち上げる

これって一般の人にはなかなか分かりにくいことですが、正直いうと並大抵のことではありませんでした(笑)。でも私の場合、家が裕福ではなかったから、人よりはハングリー精神があったほうだし、おかげで仕事が大好きだったりします。これは今、親に感謝しているところです。

そもそもコアマン(2007年設立)を立ち上げようと思ったきっかけは、小沼正弥さんとの出会いがあったからです。

その頃すでに私は「岸壁ジギング」を確立して、とあるメーカーさんからロッドやジグを出させてもらっていました。ただ、すごい釣りだと自分では思っているのに、全然世の中に広がっていかない。これをなんとかしたい一心で、思い切って小沼さんにプレゼンしたのです。

当時はまだ誰もこの釣りをしていなかったから、彼の前で真っ昼間にボコボコに釣りました。感動した彼は、私の家に泊まり込みでこの釣りをマスターしました。

その後、小沼さんが「岸ジギ」を関東に持ち帰ってから一挙にこの釣りがメジャーになり、自分の考えていたことが正しかったと確信できました。ただ、その頃私はまだサラリーマンをしていましたから、自分の確立した釣りが一大ブームになるのを、いってみれば指をくわえて見ていなければならなかったのです。

家族への責任を考えると、一気にメーカーの立ち上げまでは踏み切れなかった。ところが関東の某メーカーさんが、「岸ジギ」のジグだけで小さな家一軒分くらいの利益を上げたと聞いた時には、「いつかは自分も……」という気持ちが固まりました。

私はアンテナを張って、お金を貯めながら機会を待っていました。チャンスが来たのは、ブレードベイトのブームが始まった時です。ここで、それまで温めていた「パワーブレード」で勝負を懸けることにしました。貯金を担保に融資を受け、最初は兵庫の某メーカーの中のブランドとしてコアマンを立ち上げました。そこから1年間は、まだサラリーマンも並行してやっていたので、ベッドの上で寝た記憶はほとんどありません。

ただ、作ったものには絶対の自信が

ありました。最終テストは釣りの上手い友だちに協力をお願いして、当時主流だった某ブレードベイトでガチの勝負をしてもらいました。結果は17対0。これで「行ける！」と思いました。中層からボトムの流れを捜して、デイゲームのシーバスを掛けていく最高のルアーができたと今でも自負しています。

　メーカーとして独立してからも、ほぼひとりでやっていたので4～5年は会社に寝袋で泊まり込みが続きました。でも、いろいろな方に協力していただき、乗り越えられました。「本当に釣れるものを作れば必ず支持される」ということだけは、ここまでブレずにやってきました。

　最近、ある人から、「コアマンのルアーは、簡単に釣れすぎてツマラナイ」といわれたのですが、これは私にとって、最高の褒《ほ》め言葉です（笑）。

「コアマンのルアーは簡単に釣れすぎる」は、私にとって最高の褒め言葉だ

「本当に釣れるものを作れば必ず支持される」。その思いがコアマンの製品の１つ１つに結実している

7章 比べる

Compare

ここでは、ルアーに関する「サイズ」、「カラー」、「アクション」、「音」、「素材」、「ウエイト」についていろいろな角度から比較し、これまで解説してきたことも含めてさらに掘り下げていきます。みなさんが普段疑問に思うことのヒントになるような話をピックアップしています。

シーバスフィッシングはルアーフィッシングですから、どうしてもルアーは気になるところ。メディアで紹介されているルアー、メーカーの宣伝文句も、本章で記したようなことが分かっていると、これまでと違った目線で読み解くことができます。

ルアーのサイズ

ルアーのサイズは、みなさん何を基準に選んでいますか？　おそらく、だいたいの人は「ベイトのサイズ」と答えると思います。これ、もちろん正解です。でも、その答えは当たり前すぎてちょっと不安になるのか、バンバンボイルしているのに釣れなくなると、「大きすぎるのかな？」とサイズを下げたくなるでしょう。これは、全部とはいわないですが、思っている以上に不正解であることが多いのです。

たしかに、大きなミノーで食わないからと、それよりは小さいバイブレーションで釣れることもありますが、これは、リアクションである「びっくりバイト」の範疇でそんなに再現性がないパターンです。むしろもっとシビアに、ベイトに合わせて長さ、太さ、幅を合わせていくほうがハマるケースが圧倒的に多いのです。

大阪湾では、春にコノシロやマイワシが狭い水路に差してきて、ボイルが頻発するパターンがけっこうあります。この時、12㎝や14㎝のルアーで食わない場合には、気を付けないと対岸に当たってしまうような20㎝クラスを、腹をくくって投げることが正解だったりします。反対に9㎝を投げても釣れないのです。それほどベイトのサイズにアジャストさせることは大事なのです。

しかしここで、「ベイトが多いから、大きなルアーで目立たせる」と思うのは間違いです。9㎝や12㎝のルアーでも、引っ張ってくればベイトが怖がって群れに丸く穴が開くので、ちゃんと「目立って」います。シーバスは、水中ですごくシビアに、「ルアーのシルエットを見ている」のだということを覚えておいてください。バチ抜けなどでも、ルアーの幅と長さがとても重要。特定のベイトを偏食しているケースでは、これを絶対に忘れないでください。

もう1ついっておきたいのは、ルアーのサイズを使い分ける時、仮に同じ名前のシリーズがあっても、サイズが違えばルアーとしては全く別ものだということです。たとえば9㎝ですごく釣れるルアーがあるとしましょう。そして、同じ名前で小さいのや大きいのが追加されると、大変残念ですが、それらが最初の名作を上回ることはまずないでしょう。これが「サイズ展開の罠《わな》」です。その理由はおそらく、製作のイメージが最初の９㎝に引っ張られすぎているからだと思います。「シリーズものには簡単に飛びつくな」というのは、私の経験からいって間違いないです。

ただし、ここまでの話はナイトゲームを前提とした例です。デイゲームになるとルアーが見えすぎるので、サイズを下げるのが正解になることが多いです。実際、デイのコノシロやマイワシのパターンでは、ベイトの群れの下まで届けられる「ＩＰ‐26アイアンプレート」が、むちゃくちゃハマります。まあ、昼間のこういうケースでは、レンジも深いし、鉄板バイブくらい沈むのが早くないとフォールの途中でベイトに引っ掛かってルアーが入らないのですけどネ（笑）。

また、川の堰周りの釣りなどではベイトが１種類ということはないので、シーバスはとりあえず「動くものを食う」傾向が強い。したがって、サイズの大小はあまり大きな問題にならないことが多いです。

コノシロや中羽以上のマイワシがベイトの時は、これに合わせてルアーのサイズも大きくする。港湾部で 20cm のプラグを投げるケースもある

ルアーは、たとえ名前が同じでも、サイズが変われば使いどころは全く変わる。9cm で釣れるルアーと、同じパワーをもつ 12cm を作るのは想像以上に難しい

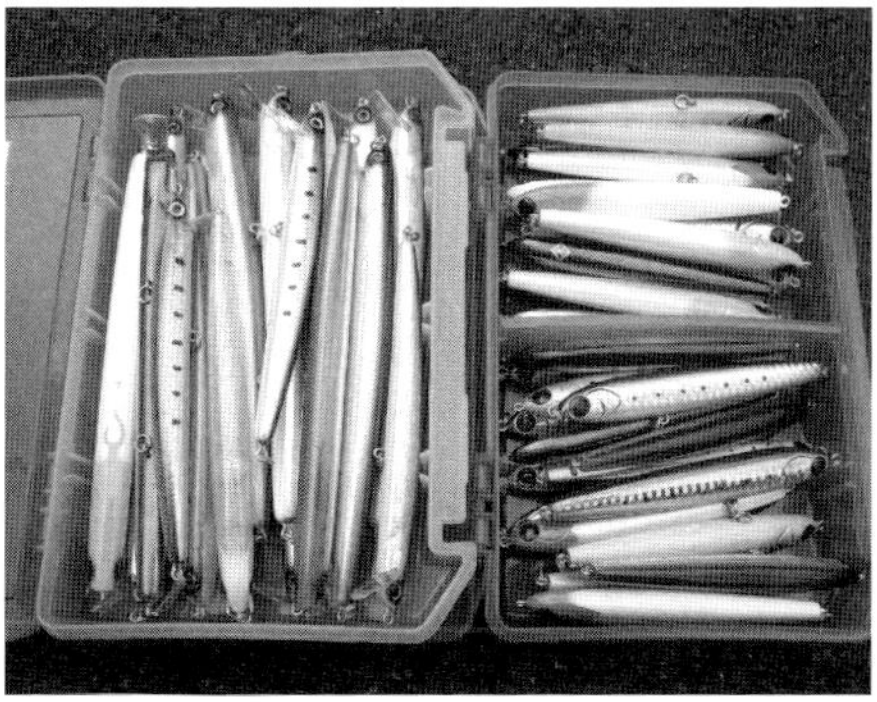

ルアーのカラー

シーバスの世界では、いまだに「オレはルアーの色なんて気にしない」という人がいますが、カラーの効果は「ナメとったらえらい目に遭う」ほど重要です。たとえば、常夜灯のあるポイントでクリアカラーと普通のカラーで勝負したら、10対1くらいの差がつきます。これは全国共通。水色が超クリアなポイントでもこの傾向が強いです。そういう海域では、満月と新月では釣れるカラーが極端に変わります。たぶん、水の中のプリズム効果なのだと思います。本物のベイトフィッシュも水中では結構透けていますから。このような状況では全く色を塗っていない「ドクリア」が強いのですが、おそらく見た目の問題なのでしょう、いまだに全国的には不人気です……（笑）。

ここまで極端ではなくても、みなさんも色を変えたとたんに釣れたという経験はけっこうあると思います。逆の発想をすれば、アクションやレンジは合っているのに、色が違うだけでシーバスが逃げているケースもあると考えてもいいはずです。

バチ抜けは、その典型でしょう。釣れるレンジはほとんど一緒だけれど、最初は派手な色でも食っていたのが、最後はベリーに線が入っているものや、暗色の地味なカラーしか釣れなくなるでしょう？　色のパワーはそれほど釣果に直結します。人よりも魚を多く釣りたいのなら、よく釣れるルアーを見つけたら、違う色を買うことも心がけてください。

色に関する面白い話は、ここでは書き切れないほどまだまだあります。意識してほしいのは、「人間の見た目と魚の視点は違う」ということです。たとえば最近デイゲームで注目されている「ライムチャート」などは、人間から見れば派手な色ですが、実は下からシーバスが逆光で見た時には白っぽく見える「ナチュラル」なカラーです。また、同じ派手系でも、いろいろなルアーに使われるピンクやオレンジは、寄せる力が強いカラーですが、これをマット調にして強くしすぎると、間違いなくシーバスは逃げます（笑）。

フラッシング系では、メッキは特にデイ向きのカラーで、レンジが浅くなるほどバイトが増える傾向がありま す。ホロは、オーソドックスな縦ホロがやはり安定して 釣れます。ただ、同じルアーでもこれを「横ホロ」で作 ると、シーバスも違和感があるのか、全然釣れなくなり ます。

こういう色の効果が、一番分かるのが「岸ジギ」でしょう。なんといっても使うルアーはジグ一択ですから。

そこで、金、銀、パール（白）みたいなプレーンな色を使ってみると、時間帯や水色で、釣れる色が激変するのにみなさんビックリすると思います。手前ミソですが、私がコアマンで作る全ルアーのカラーバリエーションは、使用するパターンやポイントを考慮して、そんな「色のパワー」を考えた配色なので、ルアーの色を選ぶ時にぜひ参考にしてみてください。

カラーの効果で釣果に大きく差がつく常夜灯のあるポイントは、全国共通でクリアのカラーがハマる。水質が超クリアなエリアもこの傾向が強い

カラーの効果を一番はっきり体験できるのが「岸ジギ」。まずは金、銀、パールなどのプレーンなカラーで、それぞれハマる状況を見極めていこう

ルアーのアクション

ルアーのアクションを比べて使い分けることは、ビギナーの人にはすごく難しいテーマだと思います。私たちでもいまだに迷います。しかも、メーカによってアクションの表記がバラバラ。特に基準はありませんからね。「とりあえずウォブンロールって書いとけ……」みたいな（笑）。たしかに、どのルアーもこういっておけば間違ではないです。ただ、「こういう系統のアクションは、こういう時に利く」という基準は、ある程度あります。

ルアーのアクションは、ざっくりいえば、ボディーを左右に傾けるローリング、泳ぎの起点を中心にテールを振るウォブリング、それに、S字軌道のスイングアクションも含めて「ノーアクション」の3種類になると思います。よくいわれることですが、ローリングは食わせでナイトゲーム向き、ウォブリングは寄せる力が強くてデイゲーム向きということはいえます。同じアクションでも、強ければデイ、弱ければナイト向きということもいえます。この観点からいうと、「ウォブリング&最強」のアクションがデイゲームの極点、「ローリング&最弱」の泳ぎがナイトゲームの極点にあたると思います。

これは、デイとナイトでは釣っている状況が違うということから導かれると思います。デイゲームのオープンウオーターの釣りは、主に中層で流れを捜す展開です。シーバスも視覚が利くため、10mぐらい離れていても強い動きのルアーで呼んでやれば追ってくる。だから比較的ポイントが広いし、みんなで並んで釣ることも可能なのです。

これがナイトゲームになるとシーバスも見えにくいので、5m離れたらリスクを冒して追ってこない。だからストラクチャーや明暗、シャローのような、食わせのピンが分かりやすい釣りになるのだと思います。こうなると、必然的にその時釣れるスポットは狭くなる。橋の明暗でも、本当のベストポジションはひとりです。よい時期には、場所取りで6時間前から待っているのも無理のない話です。

それぞれアクションの特性としては、ウォブリングはアクションの起動が早いのでリアクションを誘いやすく、速い動きからストップを入れる使い方に向いています。ローリングは、アクションの起動まで初速が必要で、ただ巻きに強いといってもいいでしょう。

難しいのは、シーバスはスレるほどにアクションへの反応が変わる魚だということです。デイでも強いアクションだけが正解とは限らないし、単純に弱くしたからといってスレた魚が釣れるというわけでもありません。

日本だけが、ローリングともウォブリングとも違うノーアクション系のルアーが多いのは、どこにいってもアングラーが多いからです。私も含めてルアーを作っている人間は、そんな釣り場の傾向も計算しながら、アクションを調整しています。

水深のあるオープンウオーターのデイゲームは、中層の流れを捜す釣りであり、ある程度ルアーのアクションで魚を呼べるので10m先からでも追ってくる。したがってポイントは広い

ナイトゲームではシーバスとルアーが5m離れたら追ってこない。したがって明暗などの食わせのピンが分かりやすい場所がポイントになり、それは必然的に狭い

ルアーの音

シーバスルアーにおいて「音」というテーマでは、「無音化」を目差していたと思います。たぶんバイブレーションが一番分かりやすい例でしょう。専用のバイブがなかった時代にラトル入りとラトルなしを使い比べたら、明らかにラトルなしが釣れる。これは「ブラックバスとは違うぞ」ということで、ソリッド素材の「マール・アミーゴ」が出た時、みんなが飛びつきました。そして、あとに続いたシーバス用のバイブレーションは「ラトルなし」が常識になった。その究極の形が、小沼正弥さんの作ったシリコン素材でコーティングされた「シリテンバイブ」シリーズでしょう。

ただ、今のシーバスゲームにとってプラグに音がいらないかといえば、私自身は今こそ音による集魚効果という側面を見直す時期だと思っています。

よく考えてみれば、「アイアンプレート」も実はすごく音が出ているルアーです。また、昔からあって今も釣れるプラグを考えてみると、それぞれが固有の音をもっていたように思います。代表選手は重心移動式のミノー。「K・TEN」は、コト、コト、コトという低音でピッチの長い音を出しています。「ウエイトを変えたら急に釣れなくなった」というルアーが少なくないのも、泳ぎが変わることに関連して、実は音の質が変わってるのではないかと思っています。

特にデイゲームでは、「ないとダメ」くらいの必須要素なのではないでしょうか？　トップのポップ音は利くし、着水バイトもルアーが落ちた時の音が重要だと思います。バイブレーションがフォールで釣れるパターンは、大半が着水音による集魚効果がバイトの背景になっています。

難しいのは、こういう集魚効果の高いファクターは、必ずスレにつながることです。それと、ちょうどいい音をコントロールするのは、かなり難しいのではないかと思います。トップで釣っていても、バイトが出るのは、飛距離＝ラインの出ている長さとポイントの流れが絶妙にバランスした時が多い。このテーマは見逃すには惜しいので、これからも研究を続けてみたいと思っています。

シリテンバイブ（マドネスジャパン）がスレた魚に利く無音派の代表なら、デイゲームの大黒柱である「アイアンプレート」シリーズ（コアマン）は、強いアクションと音で寄せるルアーだ

釣れるプラグは固有の「音」を持っていると思う。名作のプラグは重心移動式のウエイト音が低くピッチが長いものが多いと感じている

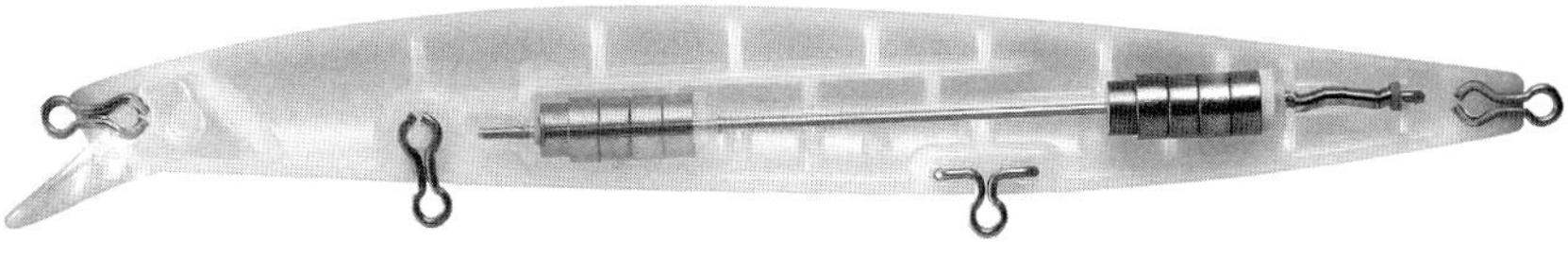

ルアーの素材

ルアーの素材は、ウッドに始まり、スプーンやジグのような金属が出てきて、比較的新しい時代にケミカルウッドのバルサやABS樹脂、シリコン、ワームに使われるゴム=軟質プラスチックが加わってきた歴史があります。ここで知っておいてほしいのは、それぞれの素材で、できることとできないことがあるということです。

たとえば一番古くからあるウッド素材は、その浮力から立ち上がりがよく水押しの強いルアーができます。ひと言でいえば「水馴染みがいい」という言い方がそれです。これがハマるとウッドでしか出せない特性のルアーになります。「K・TENリップルポッパー」などはその代表です。

ただ、天然素材だけに本当に同じものを作るのが大変。ハンドメイドミノーには、エキスパートが見れば全部違うルアーといっても言いすぎではないものもあります。その点、ケミカルウッド=バルサは、ウッドよりは製品ムラが少ない。それでもやはり、ラパラのように最後はリップで調整してやる必要があるので、作れるルアーのバリエーションはおのずと限られてきます。

設計の自由度が一番高いのは、ABS樹脂のプラグです。内部構造をいじりやすく、重心移動システムが定着したこともあるのでしょう。ただ、レスポンスの面ではウッド系の素材にかなわない面があります。これをフォローしようと素材を薄く作ると、今度は強度が弱くなるのが悩みの種です。実際にはそれを無視して作っているルアーも結構ありますけど……。それから、今のルアーはどんどん設計がピーキーになってきて、リングやフックを変えるだけですごく泳ぎがよくなったり、逆に泳がなくなったりするものも多いです。その点、鉄板バイブやブレードベイトのようなルアーは、材料の品質管理と設計がしっかりしていれば、プラグと比較すればはるかに安定してねらったアクションを提供できます。

実は、ワームもマテリアルの硬さが一番大切なポイントです。だから形だけ真似をしても、本物には及ばないです。その点では、コアマンのルアーは設計はもちろん、素材の品質管理にもこだわっているので安心してくださ

「アルカリ」などのワームも、形状と素材特性の絶妙のバランスで釣果に大きな差がつく。ワームならなんでも釣れるほど、日本のフィールドは甘くない

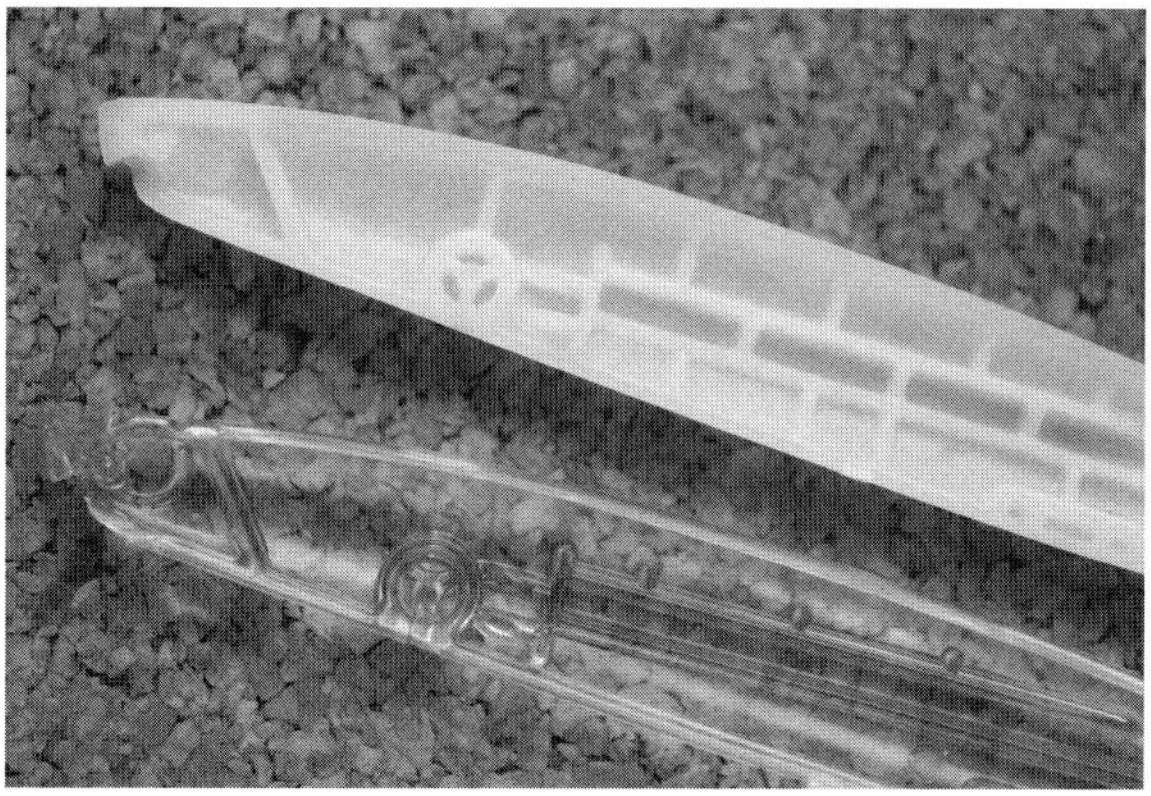

シマノが導入を始めたAR-Cシェル（上）は、ABS樹脂よりも軽く、浮力があるため、バルサ材にも似た特性のルアーができる。これはプラグ素材の革命になりそうだ

い（笑）。

よく誤解している人がいますが、ワームに似たものだから釣れるというのは間違いです。「シリテンバイブ」は小沼さんが作り込んだから釣れるのであって、単に外側を柔らかくすれば簡単に釣れるルアーができるわけではないのです。ワームでも、使い方と素材の硬さで、ABS樹脂のプラグ以上にスレるものもあります。

ルアーのパワーは形と素材、ウエイトバランスが三位一体となってできるもの。よいルアーというのは、素材の比重も含めての完成形なのです。だから、ウッドの名作をABSで作ってもダメですし、またその逆も上手くいきません。作っている工場が変わっただけで、ダメになるルアーも珍しくないですからね。

ルアーのウエイト

ソルトルアーにとってウエイトを使い分ける意味は、飛距離も当然ありますが、一番大事なことは、その重さがもたらす重力を利用してレンジを釣り分けることです。案外、気がついている人が少ないのですけれども、たとえ細いＰＥラインを使っても、流れがあって、深いポイントでレンジを探る時には、思った以上にルアーは「入っていない」（ねらうレンジまで届いていない）のが現実です。私の経験では、ミノーで探れる限界は５ｍ。１ozクラスの重いシンペンなら、沈めて使えば結構深く入りそうですが、リーリングして泳がせると、ルアーの構造上すぐ浮上してしまいます。

だから、５ｍより下のレンジを安定してねらおうと思ったら、まだ飛距離が物足りず種類もないですが、リップの長いディープダイバー、鉄板も含めたバイブレーション、ジグヘッドリグワームようにラインアイがルアーの上に出ているものでないとほとんど不可能です。それでも注意してやらないとレンジキープはできません。私もその昔、「マール・アミーゴ」21ｇを20秒くらいかけて10ｍのボトムに着底させ、そのボトムを釣っているつもりでしたが、実際に引けていたのはせいぜい３～４ｍか、もっと浅かったと思います。

実は、これにはＰＥラインの浮力が大きく関係しています。細くて比重の小さなＰＥラインは、ルアーをフォールさせていく時、流れがあると必ず水中でオフセットした形になり、決してロッド、ライン、ルアーは一直線にはなってくれません。そしてリトリーブを開始すると、ルアーは最初、必ず上に向かって引っ張られる形になります。このことを理解しておかないと、５ｍより下のレンジを安定して引くことはできません。

これは沈下速度の速いブレード系や鉄板バイブレーションでも同じです。「パワーブレード」（＝ＰＢ／ブレード系）と「アイアンプレート」（＝ＩＰ／鉄板バイブレーション）を例に具体的に解説すると、０・８号ラインに16lbリーダーを使った時、ＰＢ‐20（ｇ）＝３ｍ、ＰＢ‐24（ｇ）＝６ｍ、ＰＢ‐30（ｇ）＝10ｍがおいしいレンジなります。ＩＰ‐26（ｇ）は５～７ｍ、ＩＰ‐18

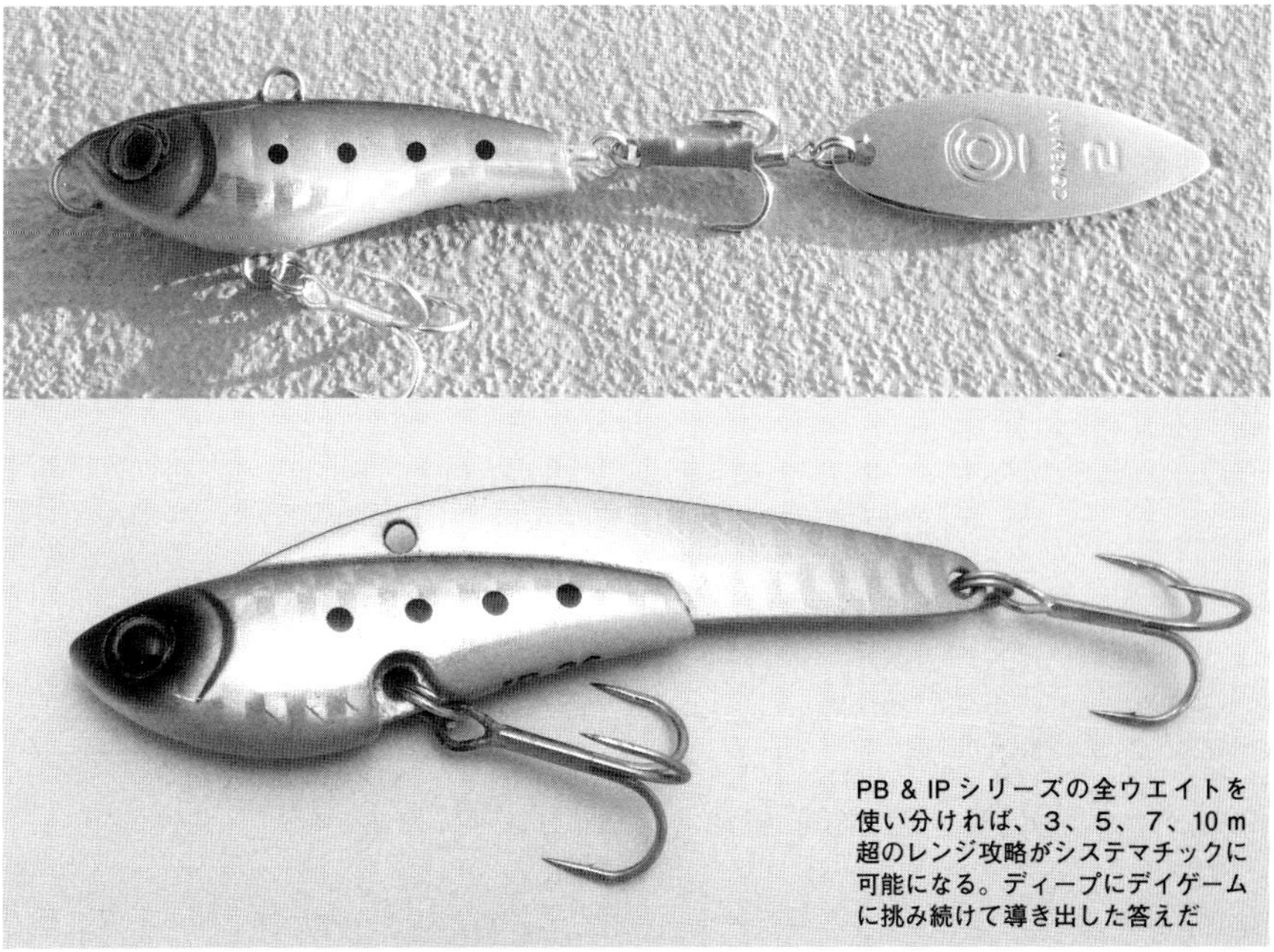

PB & IPシリーズの全ウエイトを使い分ければ、3、5、7、10m超のレンジ攻略がシステマチックに可能になる。ディープにデイゲームに挑み続けて導き出した答えだ

（g）なら3〜5mが、ミディアムスローでベストなアクションを発揮します。

ワームとジグヘッドは、使用ウエイトが使うポイントの水深と覚えてください。ロングキャストして横に引く時のレンジは、10g＝5mと重さの数字の約半分が目安です。なお、リーダーを半分の8lbにすると、それぞれレンジが1m下がります。それほどラインとリーダーの抵抗というのは、ルアーのレンジに影響します。

こうしたレンジは、巻くことで発生するラインの抵抗とルアーにかかる重力が釣り合ってキープできるもので、逆にいうと巻かなければ沈みます。レンジが浅い鉄板をボトムの近くで使うなら、「巻いたら止める」を繰り返せばジグザク起動ですが浮上を抑えられます。PBのブレードは、引き抵抗を感じないレベルでもちゃんと回って釣れるので、厳寒期などではボトムに付けたまま、ロッドを下げて巻かずにゆっくり後ろに下がるという裏ワザもあります。はっきりいって、めっちゃ根掛かりしますが、最後の手段として今でも時々やりますよ（笑）。

COLUMN タックル進化の始祖―PEラインの話―

現在のシーバスゲームにつながるタックルの進化が何から始まったかといえば、なんといってもPEラインを抜きには語れないでしょう。シーバスゲームは、岸からの釣りでは珍しく、水面からボトムまでの流れの変化を捜して釣る「中層の魚」が相手です。ブラックバスも浮いていることはありますが、あくまでストラクチャー絡みがメインです。シーバスの場合は、何もない場所にできた潮目の中層で釣れることも珍しくありません。

これは、いってみればキャスティングでトロウリングをやっているようなものです。それを可能にしてくれたのが、PEラインがもたらした感度と飛距離なのです。

今でも20年前のタックルで、ある程度の魚を釣ることは可能ですが、PEラインがなければ無理でしょう。ナイロンでは不可能なことができるPEラインの存在があって、初めて最新タックルにつながる進化が始まったといえるでしょう。しかし、使い始めた頃は本当に苦労しました。５０００円もするラインが開始1投目で大バックラッシュ。それをほどくのに4時間なんていうのもザラ。何度もナイロンに戻ろうかと思いました（笑）。

それでも、ジギングの世界がそうだったように、変化を嫌っていては時代に取り残される。そんな状況の救世主になったのが、「ファイヤーライン」の登場でした。これでかなり楽に釣りができるようになりました。その後はロッドのアクション、ガイド、リールのオシュレートやスプールまで、PEラインを前提に設計されてきたので、「ファイヤーライン」よりも軟らかいPEを使っても、もう5年以上バックラッシュはありません。

印象深いのは、PEラインに命を助けられた10年ほど前の出来事。その日、私は日本海の河口にあるサンドバーの上を２００ｍくらい沖までウエーディングしていました。ところが予想外の濃霧で、帰りのルートが分からなくなったのです。スマホのGPSもない時代で怖かった。それでも、PEラインで流心を捜して、平行にサンドバーを進むことで、無事に岸まで帰ってこられました。あの時使っていたのがナイロンだったら、この原稿を書いていられなかったかもしれません（苦笑）。

PE ラインはその登場以降、シーバスタックルの進化を牽引してきた。それはシーバスゲームにとっての革命的な出来事だったといっていい

8章　片付ける

Put away

釣りの名手は「片付け」の名手でもあります。私の知る限り、自分のタックルやルアーの管理ができていない名手はほとんどいません。道具類を管理しておけば次の釣行時に困らないというのは誰もが想像できますが、それができるということは、自分のタックルを把握している証でもあります。このラインはいつから使い始めて何回使った、このルアーのフックは何回魚を掛けた、そういうことを覚えていれば交換のタイミングを間違えず、当然トラブル回避にもつながります。

自分のタックルを把握することは、直接的な釣技ではありませんが、間違いなく釣りが上手くなるコツの1つ。道具の管理への意識をより高く持ってほしいものです。

ロッドとリール

「泉さんは、タックルのメンテナンスはどうしていますか」。セミナーなどでよく聞かれるのがこの質問です。その場合、答えは「片付けません＝ノーメンテです(笑)」となります。ロッドはともかく、特に気になるのがリールだと思いますが、そもそもメーカーの説明書によると、最近のリールは「水洗いＯＫ」となっています。だから、みなさんも釣りが終わったら水道の水をジャバジャバかけて洗うのが普通になっているでしょう。

これは私の感覚からいうと、車のエンジンルームに水をかけて放水しているのと同じだと思うのです。昔と違って今のリールは精密で、ボディーの隙間が少ないから、逆に水が入るとなかなか出ていかない。洗うことがかえってトラブルを招く原因になると考えています。サビは水分があるから発生します。洗うことよりも、一番大切なのは、「乾かす」ということなのです。

ノーメンテの私がノートラブルなのに対して、マメにメンテナンスをしている人ほど、なぜか「リールの調子が悪い」と悩んでいる人が多い。こういう経験からみても、「使用後のリールは水洗い」という常識は、大いに疑問があります。

そもそも、大部分のシーバスアングラーがホームにしている東京湾や大阪湾は、終わるとタックルが塩で真っ白になるオフショアゲームの海域よりは、はるかに塩分濃度が低いはずです。これが、洗うよりも乾かすことが有効になる背景でしょう。私も含めて、平均すれば2～3日に1回は釣りをするプロアングラーは、ノーメンテ派のほうが多いです。自動車と同じで、機械は動かし続けることが一番正しい使い方なのだと思います。

それほど頻繁に釣りに行けない人は、汚れを濡れティッシュで拭き取り、充分に乾かしてからしまっておきましょう。１年以上使わない機種なら、ＰＥラインも外しておくほうがよいでしょう。気になるなら最小限度の注油をしてもかまいませんが、グリスはもちろんオイルも、想像以上にパーツには浸透しません。差してしばらく経ってから使っても、リールを巻いていると周りに飛び散っているのが大半です。メーカーの人にいわせると、

「ルアーをやる人は、注油をしすぎ」で、時にはグリスとオイルの注油箇所を間違えて、かえってトラブルを招くことが多いようです。

ロッドのメンテも、基本的には乾かすことが大事です。雨に濡れたら、車にしまう前にしっかり乾拭きすること。特に「ボーダレス」のような振り出しロッドは、たたむ前に水分を取っておかないと固着の原因にもなります。

釣り場がサーフの場合は、細かい砂を流すためにロッドもリールも多少は「洗う」ことが避けられません。私の場合は、サーフに出かける時は精密なハイエンドモデルではなく、ある程度惜しげもなく使えるリールを用意し、トラブルを織り込んで釣行するようにしています。

広大なサーフは釣っていて気持ちがいいが、リールにとっては最悪の環境でもある

2～3日に1回は釣りをするプロアングラーは、ノーメンテ派のほうが多い。サポートメーカーの人が、いぶかるほどオーバーホールに出すことはない

ルアー

シーバスタックルのなかで、一番「片付ける」ことが大切なのはルアーです。これは、ゲームが進化していくことで、その時のベイトの種類とレンジによって、ルアーのアクションやサイズ、カラーも含めて細かく使い分けることが普通になってきたからです。

ナイトゲームでは特に、ボラとイワシでは、同じベイトフィッシュでも反応するルアーのアクションが全くといってよいほど違うことが分かってきました。バチ、イカ、ハゼなど、季節や場所に合わせてさまざまなストロングパターン＝釣れるルアーが見えてきています。かつての時代よりも、ルアーの仕事が非常に細かく細分化されてきたのです。

やり込めばやり込むほど、ルアーの数はカラーも含めて増えていきます。今は一般の人でもルアーを50～100個持っていることが珍しくなく、私たちのような釣りの仕事をしている人間だと何千個という単位になります。これらを日々の釣りで、「今日はこのルアーも試してみよう」などと思い付きで使い回していると、ボックスの中身はごちゃごちゃになり、「あそこなら、絶対あのルアーなんだけど、どこいった！」と収拾がつかない事態がやってきます。私自身も、そんな「あのルアー」が、シーズンが終わってから見つかることがよくあります（笑）。

これではパターンを組み立てる再現性が崩れ、釣果にも大きな影響が出ます。だからこそ反省の意味も込めて、日々の整理を心がけたいものです。目標は、図書館の本のようにルアーが仕分けられていること。最近はルアーのアクション＝使用法別に、15～20の細かい「仕分けボックス」を作り、「使ったら必ず戻す」を心がけています。

まず、使用後のルアーに水をかけて新聞紙の上でよく乾燥させます。気をつけたいのは、戻す時に必ずフックを外して「仕分けボックス」に戻すこと。ルアーを片付けると同時に、フックの仕分けも行なうのです。これは同時にスプリットリングのチェックにもなります。こうして分けておいた、使えそうな「使用しましたフックボックス」は、取材以外のプライベート釣行で使います。フックを外しておけば、サビでルアーの塗装が痛むこともなく、絡まない。そのため釣りの準備がシステム化され、最小限の時間で常に最強のラインナップを揃えて、釣り場に入ることができるのです。

ルアーは必ずフックを外して収納しておくと取り出す時に絡まず、フックのサビで塗装を痛めることもない。こうすることで使用時は現場で新品のフックを付けるのが習慣になる

最初は自分の釣り場に合うルアーがなかなか分からないでしょうから、カテゴリー別でもよいので仕分けボックスを作ってください。そのうち、たとえば同じミノーでも2つ、3つと仕分ける必要性が見えてきます。これでルアーへの理解度が深まっていくはずです。

なお、片付けているつもりでも、普通はだんだんと仕分けがあやしくなります。それを踏まえて、半年に1回くらいは釣りを振り返りながらルアーを片付けることを習慣にしたいものです。

ベイトの種類によってルアーのアクションやレンジ、カラーまで使い分けるのが現在のシーバスゲーム。ナイトゲームでは特にその選択がシビアになってくる

ランディングネット

コアマンでは、特大のランディングネットを入れる「タモケース」を発売していますが、お客様に会うと、「あれの口にチャックを付けたやつを出してください」とよく言われます。その理由は、みなさんもご想像のとおり「タモが臭くてかなわない！」ということ。一方、私はといえば完全にノーメンテで、タモなんて洗ったこともないのに、そんな経験は皆無です。じつはこれ、現場でたった1つのシンプルな対策を心がけるだけで、大きな違いが出てきます。

その対策とは、タモは使ったらその場でよく洗い、水を切って乾燥させること。タモが臭う最大の原因は、すくった時にネットに付くシーバスのヌルヌルです。これを放置しておくから、あの強烈な腐敗臭が発生する。よく考えてみれば、使ったタモを放置するのは、汚いものを拭いた濡れ雑巾をそのまま放り出しておくようなもの。このことはセミナーなどで何回もいっているのですが、なぜかいまだに皆さんの間で定着しないですネ（笑）。

足場の高い神戸港をホームに釣りをしている私は、おそらく日本でも指折りの「タモでシーバスを掬った人」です。自分でヒットしたシーバス以外に人のアシストもするし、バチ抜けの時はボラが食ってくることだって、みなさんと同じくらいあります。それでもこの対策だけで、ネットはノーメンテナンスです。「洗っているけど臭う」という人は、おそらく洗うまでに私よりも少しだけタイムラグがあるのではないでしょうか。釣れているとつい夢中になって、魚を掬ったまま、生乾きで足元にネットを放置していませんか？

まず、シーバスを掬ったらネットを手繰り、魚ごと堤防の上に置かないようにしましょう。焼けた堤防にシーバスを置くとダメージが大きいですからね。そのまま、フィッシュグリップでシーバスをつかんでフックを外し、ふたたびネットに魚を入れて海面に降ろしてネットリリース。取材でもない限り、魚に手を触れるのは最小限にします。その流れで、タモをジャブ、ジャブ、ジャブと洗ってから手繰り寄せてひと振り。これで水を切り、背中のカナビラに戻して乾燥させる。この一連の動作を習慣にしておけば、あの臭いから解放されることは保証します。どんな汚れでも、濡らしたまま放置するのは最悪です。臭いは一度付くと、簡単には落ちないので注意。

それから、小継のランディングシャフトは雨の中で使って濡れたまま放置すると、固着や塗装を痛めるなどのトラブルの元。濡れたらしっかり乾拭きしてから乾かせば、トラブルは減ります。汚れを濡れたまま残さないことは、どんな道具でも心がけておきましょう。

ネットでの取り込み後は、一連の動作の流れで海水ですぐに洗って水を切り、乾かす。たったこれだけで腐敗臭の悩みから解放される

「すぐに洗って乾かす」を実践すれば、タモケースにチャックは不要。むしろ汚れたまま密封することが、事態を最悪の方向に向かわせると覚えておこう

ウエーダー&ニーブーツ

シーバスゲームの必需品の中で一番「片付ける」のが厄介なのは、ウエーダーやニーブーツでしょう。特にウエーダーは、かなりかさばることから家に持ち込むのも邪魔になります。

透湿タイプならまだしも、冬場のネオプレーンタイプのウエーダーは、一度使っただけで中が汗でグッショリ。脱いだら二度と履く気になれない状態です。それをビニール袋などに入れて持ち帰るので、すごいことになっちゃいます。綺麗好きな人はあれが我慢できず毎回洗っているようですが、使用頻度が高い私の場合は、さすがにそこまではできません。ただ、これもちょっとした工夫で片付けられるんですよ。

ポイントは、やはりこの時も乾かすことで悪臭を防いでくれます。厄介なのは、ウエーダーの外側よりも汗がこもる内側です。そこで脱ぐ時にひと工夫。写真のように表裏をひっくり返したまま、Mの字で立つように脱いでやります。ネオプレーンのブーツタイプが一番やりやすいですが、慣れればソックスや透湿タイプでも同じようにできます。

脱いだブーツの中には、乾燥剤の代わりに新聞紙を詰めてやりましょう。水分を吸ったらどんどん交換。靴屋で売っている乾燥剤よりも安いので（読み終えた使い古しならタダ）、惜しげなく使えるのがポイントです。ニーブーツの場合も、ウエーダーと同じで新聞紙を使い、内側の水分を吸い取って、できる限り乾燥した状態で片付けます。

このあとは、サーファーの人たちがウエットスーツを入れるのによく使っている大きなソフトバケツ（ネットで「サーフィンバケツ」等で検索すると出てきます）などに収納して車に乗せて帰れば、家に着く頃にはあらかた乾いています。一番いけないのは、防水袋やビニール袋に濡れたまま入れて蒸らしてしまうこと。その点でも、開放型で立てたまま置けるソフトバケツは、優れものです。値段も1000円前後からあって安い！ タモと同じですぐに乾かしてしまえば、汗が悪臭に変わるのはかなり防ぐことができます。

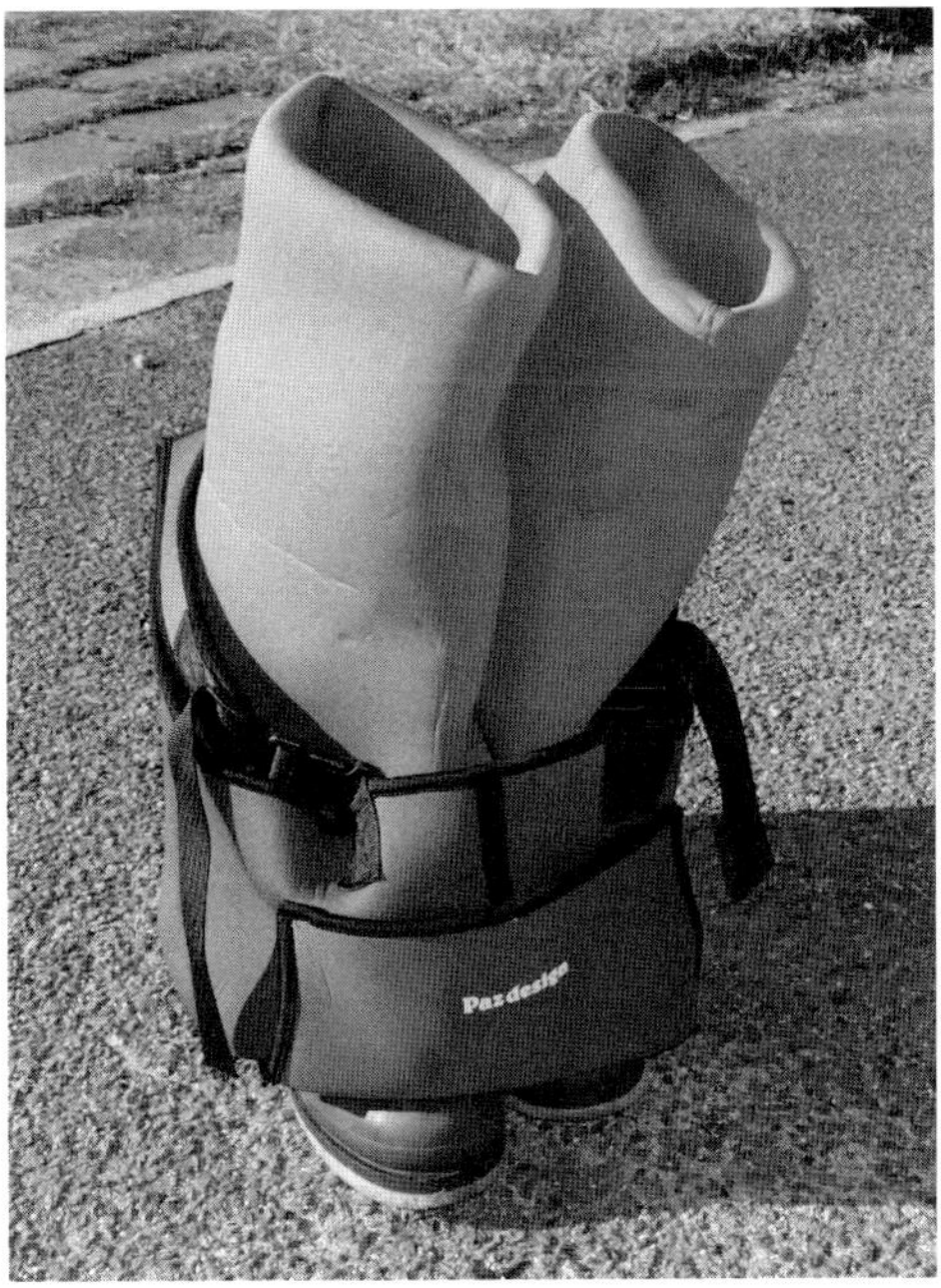

汗がこもるネオプレンウエーダーは、このように裏返してから新聞で内側の水分を何度も吸い取るとあとで匂わない

長時間水に立ち込む釣りではネオプレンウエーダーの内部が蒸れること自体は避けられない。問題は釣りが終わったあとの処理だ

スナップとフック

最初に、声を大にしていっておきたいのは、スナップとフックにスプリットリングも含めて、これらはすべて消耗品であるということです。ルアーはフック付きで市販されている製品がほとんどなので、フックもひっくるめた全体のイメージが「ルアー」になってしまいがちです。しかし、これをたとえばF1カーに置き換えて考えてみてください。ルアーが車体で、フックはタイヤです。どんな素晴らしい車でもタイヤなしでは走れないように、ルアーもフックがあってこそ、はじめてシーバスを釣ることができるのです。

この当たり前のことが、上級者でも案外おざなりにされています。シロギスやカワハギのエサ釣りでは、ハリを使い回すことなどありえないように、ルアーフィッシングでも、劣化したフックやハリ先でシーバスをねらうのは、それだけで釣れる確率を大きく下げることになります。

ルアーはすべてフックを外して釣り場に入り、使う時に新品のフックを付けて使うのがベストです。ただ、最近のルアーは、フックも込みでスイムバランスを取っているものが多いという現実があります。そこで、使うルアーに合わせたサイズをあらかじめ幅広く用意しておく必要があります。フックケースはサイズを変えて3つは携帯するのが普通です。

最近はデイゲームの比率が上がり、小さなルアーを使うことが増えたので、最も出番が多いのは#6、7、8、10、12を入れたケースです。もう1つのボックスには、この上のサイズの#1、2、3、4、5を入れておきます。このどちらかのサイズで、季節や釣り場に合わせてもう1つケースを加えるか、バチ抜けシーズンには、メインフックの下の番手や細軸のフックを入れたケースを持参するのが常になっています。

また、それぞれのフックケースには、パッケージからサイズの入った台紙を切り取りスポンジに刺しておくことで、欲しいサイズがひと目でわかるようにしておきましょう。乗らないバイトがあったときは、まずフックを交換。これを習慣にするだけで、釣果は大きく伸びるはずです。
スナップは、#0、1、2の3タイプがあればよいでしょう。スプリットリングは、#00、0、1、2、3、4の6種は必ず用意しておきます。どちらも小さなものほど耐久性が低く、頻繁に交換することが肝心です。特にスナップは、この大小でルアーの動きが大きく変わるパーツです。可能な限り、細く軽いものが釣るうえでは有利。

現場には、3つのフックケースを常備する。近年はデイゲームメインで、小さなルアーを使うので＃6～12を入れたケースが主力のケースとなる

ネットに引っ掛かって変形したのを直して使うと、必ず痛い目に遭いますよ。
#00~1のスプリットリングを使う時は、通常のプライヤーでは大きすぎるので、エリアフィッシングで使われているピンセットタイプのリングオープナーを用意しておきましょう。
ところで、これらのスナップやスプリットリングを収納するのに一番便利なのが、第一精工の「菊型ケースミニ」です。直径が4㎝弱でかさばらず、充分な量をサイズ別に収納できて店頭価格は約40円！ 近年で私が一番感動した釣り具がこれですネ（笑）。

スナップやスプリットリングは、第一精工の「菊型ケース・ミニ」にサイズ別に分けて収納しておく。価格もリーズナブルで、使いやすさも最高だ

釣行日記

ここまではタックルを「片付ける」方法を解説してきましたが、最後にいっておきたいのは、釣行日記のことです。これは、自分の頭の中を片付けることといっていいでしょう。

私の場合は、「泉ノート」と題した釣行日記をシーバス釣りを始めた当時からつけていて、現在も続けています。さすがにこれまでの積み重ねがあるので、今でこそ書き込む量はずいぶんと減りましたが……。

釣りに行った時の状況を、たとえ釣れなくてもメモでいいから、残しておく習慣をつけましょう。それを繰り返していくと、必ず釣り場の特性が見えてきます。

はじめの頃は、潮回り、風向き、天気、水温、水色など、分かる限りの情報を書き込んでいきます。確認できれば、ベイトの種類は一番大切です。シーバスが釣れたら、ヒットポイントに加えて、使用したルアーやそのカラーもメモしておきましょう。ルアーマン以外の人がどんな魚を釣っているかも貴重な情報です。

これらの積み重ねの先に見えてくるシーズナルパターンを予想して釣りに行くのが、人に先んじてよい思いをする秘訣です。どんなエリアでも、シーバスの動きはベイトに左右され、それに伴うシーバスのスケジュールというのが必ずあるからです。

インターネットの普及で、今はタイムリーな情報が手軽に手に入る時代です。ただし、「○○岸壁で朝マヅメにボイル活発で入れ食い！」というような情報が手に入り、せめて翌日に行けるなら問題はないですが、それでも駆けつけてみたら風向きが変わってノーバイト、ということも珍しくありません。

それよりも、自分で積み重ねた情報から、「この季節なら、ベイトはこれで、この風向きと潮回りなら○×川の河口がベスト」という推理と読みで魚を捜すほうが、はるかに面白いはずです。

極端なケースでは、ベストスポットを最高の時合で叩けるように、片道3時間かけて入り、1時間だけ釣りをして帰ってくることすら可能にする「釣行の効率化」が実現できるのです。

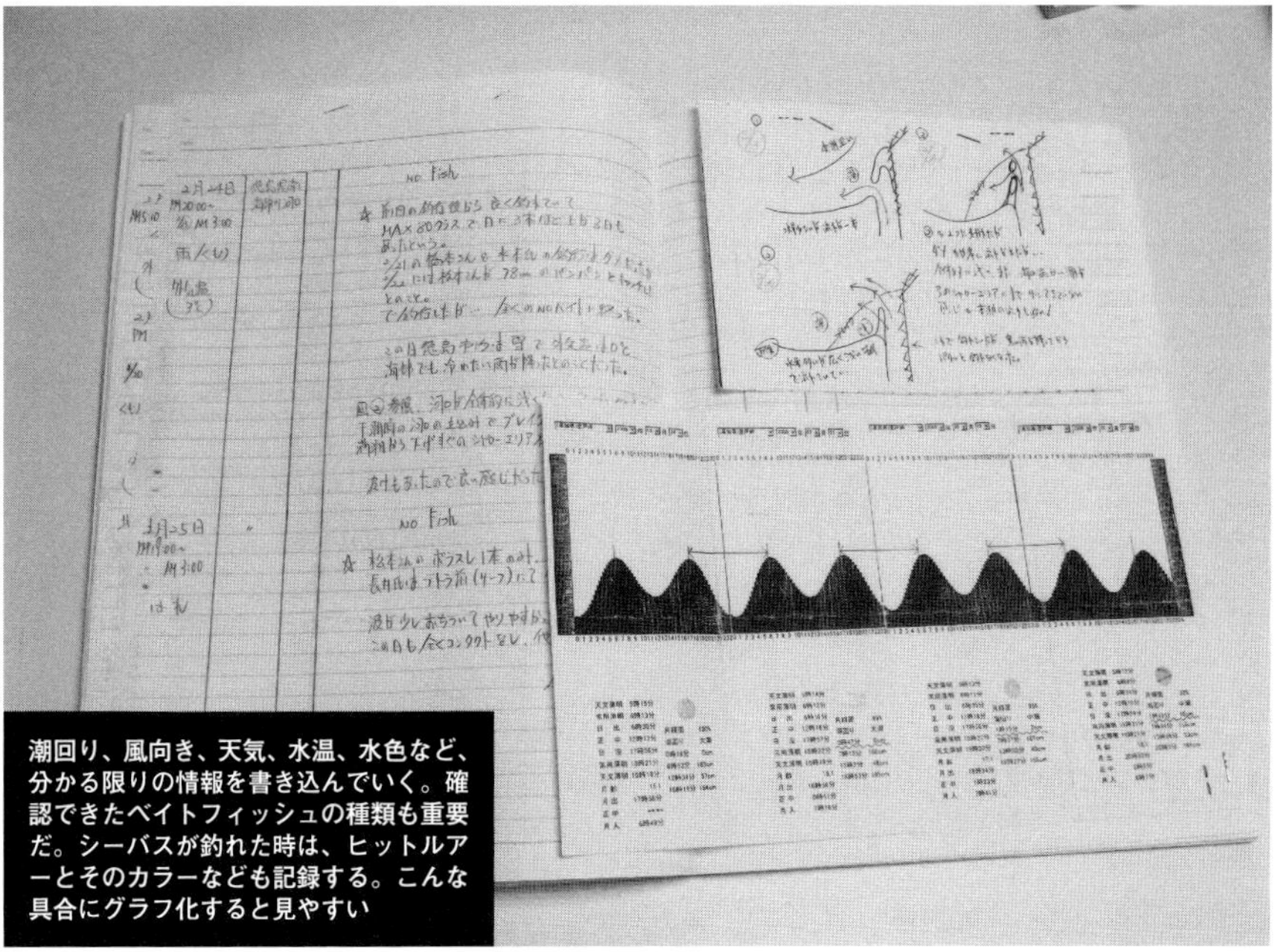

潮回り、風向き、天気、水温、水色など、分かる限りの情報を書き込んでいく。確認できたベイトフィッシュの種類も重要だ。シーバスが釣れた時は、ヒットルアーとそのカラーなども記録する。こんな具合にグラフ化すると見やすい

シーバスのスケジュール＝「シーズナルパターン」を読み切り、ドンズバのタイミングでシーバスをヒットすることこそこのゲームの面白さと奥深さだ

著者プロフィール
泉　裕文（いずみ　ひろふみ）

昭和 46 年 12 月 22 日生まれ。関西神戸を拠点とし、年間を通してさまざまなシーバスゲームを展開し続けている、シーバススペシャリスト。独創的なスタイルでこれまでにも「8の字釣法」や「岸壁ジギング」などのストロングメソッドを生み出してきた。2007年に悲願であった、自らのフィッシングブランド「コアマン」を立ち上げ、現代デイゲームブームの礎を築くとともに、現在進行形で常に新しいことにチャレンジし続けている。
シマノ・フィッシングインストラクターほか、多くのメーカーのテスターやモニターとしても活躍中。365 日 24 時間、四六時中シーバスゲームのことをずっと考えている男。
コアマン (COREMAN)URL http://www.coreman.jp/

「間違いなく釣れる」を実現する シーバスヒット10倍の鉄則

2014 年 11 月 1 日発行
2021 年 9 月 1 日第 2 刷発行

著　者　泉　裕文
発行者　山根和明
発行所　株式会社つり人社

〒101－8408　東京都千代田区神田神保町 1 －30－13
TEL 03－3294－0781（営業部）
TEL 03－3294－0766（編集部）
印刷・製本　図書印刷株式会社

乱丁、落丁などありましたらお取り替えいたします。

ISBN978-4-86447-064-3 C2075
つり人社ホームページ　https://tsuribito.co.jp/